Haz la **paz**
con tu **pasado**

H. Norman Wright

Traducido por
Eduardo Jibaja

EDITORIAL MUNDO HISPANO

Editorial Mundo Hispano

7000 Alabama Street, El Paso, Texas 79904, EE. UU. de A.

www.EditorialMundoHispano.org

Nuestra pasión: Comunicar el mensaje de Jesucristo y facilitar la formación de discípulos por medios impresos y electrónicos.

Publicado originalmente en inglés por Baker Publishing Group, Spire edition, bajo el título *Making Peace with Your Past* © copyright 2005, por H. Norman Wright.

Las citas bíblicas han sido tomadas de la Santa Biblia: Versión Reina-Valera Actualizada. © Copyright 2006, Editorial Mundo Hispano. Usada con permiso.

Editores: Juan Carlos Cevallos, Alejandro Bedrossian, María Luisa Cevallos

Diseño de la portada: Carlos Santiesteban Jr.

Diseño de páginas: María Luisa Cevallos

Ediciones: 2007, 2008, 2010
Cuarta edición: 2012
Clasificación Decimal Dewey: 284.4
Tema: Vida cristiana

ISBN: 978-0-311-46281-0
EMH Núm. 46281

1.5 M 4 12

Impreso en Colombia
Printed in Colombia

Contenido

Reconocimientos   5

Introducción: El viaje más importante que usted puede hacer   7

1. Exceso de equipaje: ¿Dónde lo puede poner?   13
2. ¿Cómo recolectó todo ese equipaje?   25
3. "Yo, ¿cambiar? ¡Imposible!". ¿O en verdad es posible?   43
4. Renunciando a sus resentimientos   63
5. Haciendo frente al rechazo   91
6. Apartándose del perfeccionismo   117
7. Resistiendo el exceso de coacción   141
8. Venciendo el exceso de indulgencia   159
9. Sanando la parálisis emocional   183
10. Tratando sus heridas   209

Notas   235

Reconocimientos

Deseo agradecer a todos los que desafiaron y estimularon mi manera de pensar y mi desarrollo personal a través de la creación de esta obra.

Quiero agradecer a mi esposa Joyce por darme ánimo y aceptar amorosamente el desorden, los montones de libros y papeles, y la preocupación de mis pensamientos durante el tiempo que estuve ocupado escribiendo este libro.

Quiero expresar mi aprecio y gratitud a una amiga que me ha apoyado, alentado y ayudado extraordinariamente mientras escribí este libro y muchos otros. Esta amiga es Marilyn McGinnis, una ex alumna, quien es, ella misma, autora de gran talento. Ella corrige mis libros, pule mis ideas toscas y les da la fluidez necesaria. Su ayuda me permite crear sin preocuparme de los pormenores.

Introducción

El viaje más importante que usted puede hacer

L o invito a hacer un viaje conmigo; un viaje a través de la vida. Mientras viajamos, veremos el lugar de donde vinimos, el lugar donde estamos ahora y aquel hacia donde nos dirigimos. Juntos, consideraremos la importancia del pasado y reconoceremos el papel que desempeña en nuestro presente.

Me interesa en particular ayudarlo a mirar a su pasado porque este pasado tiene mucho para decirle acerca de usted mismo. En nuestro recorrido por la vida, deseamos asumir un completo control del camino por el que transitamos, de los acontecimientos que vivimos y de nuestro destino, pero, para poder hacer esto necesitamos tener una clara visión acerca de lo que nos ha pasado. La cantidad de control que tenga dependerá de que usted mismo viva bajo su propio control o permita que otra persona que habita dentro de usted dirija sus energías y pensamientos. Esta "otra persona" que

7

podría estar tratando de controlarlo es lo que los consejeros y psicólogos llaman su "niño interior del pasado". Este niño interior es la parte de su psiquis que retiene las cargas y los problemas de sus primeros días.

A medida que conozca mejor a su niño interior, usted se entenderá a sí mismo de una manera nueva y diferente. Estará en mejores condiciones para afrontar preguntas tales como:

¿Cómo llegué a ser la persona que soy?
¿Quién es el responsable de lo que soy?
¿Cómo puedo cambiar aquellas partes de mi persona que no me gustan?

Las ideas que siguen son el resultado de mi búsqueda por 20 años en las Escrituras, de mi actividad como consejero con cientos de individuos y parejas, y de cientos de horas de investigación destinadas a enseñar a estudiantes de posgrado. Otros conceptos surgieron de mis propias meditaciones, del aporte de teólogos y pastores y de las indicaciones y guía del Espíritu Santo, quien me ha ayudado a seleccionar y vincular estas ideas. En verdad, estoy convencido de que si usted tiene la presencia de Jesucristo en su vida, el Espíritu Santo es su recurso más poderoso para hacer las paces con su pasado. Las Escrituras dicen que el cristiano es un miembro adoptado de la familia de Dios. Gálatas 4:5 nos dice que Dios envió a su Hijo para redimirnos del pecado "a fin de que recibiésemos la adopción de hijos".

La primera carta de Juan 3:1 lo hace aún más

personal: "Mirad cuán grande amor nos ha dado el Padre para que seamos llamados hijos de Dios".

La familia de la cual ahora formamos parte es muy diferente de las familias terrenales, las cuales a menudo tienen padres inestables o inconsistentes. Nosotros tenemos absoluta estabilidad y seguridad en nuestro Padre Dios. Tenemos un padre que es consistentemente sabio y bueno, y nuestra posición como hijos suyos está asegurada.

A. W. Tozer describió bellamente el tipo de amor que Dios tiene para nosotros cuando dijo: "Es una extraña y hermosa excentricidad del Dios libre, que ha permitido que su corazón esté emocionalmente identificado con los hombres. Aunque es autosuficiente, él quiere nuestro amor y no estará satisfecho hasta que lo logre. Aunque es libre, él ha permitido que su corazón esté ligado a nosotros para siempre"[1].

Como usted sabe, cuando invitó a Jesucristo a que entrara en su vida, el Espíritu Santo también se convirtió en parte de su vida. El Espíritu Santo es nuestro maestro y guía, es el que nos da un mayor entendimiento de cómo estamos relacionados con Dios. En Romanos 8:15, Pablo dice que recibimos "el espíritu de adopción como hijos, en el cual clamamos: '¡Abba, Padre!'". ¿Qué papel desempeña el Espíritu Santo en nuestra adopción? El Espíritu nos mantiene conscientes del hecho de que somos hijos de Dios. Las palabras "Abba Padre" significan literalmente que lo podemos llamar "papá". El Espíritu Santo nos mueve a acudir a Dios como nuestro Padre y a confiar en él tal como un niño pequeño confía con toda seguridad en el cuidado de su padre terrenal. Esto significa dejar antiguos patrones de niñez que interfieren con la manera en que estamos experimentando la vida en la actualidad.

Con la presencia de Jesucristo en su vida hoy, usted puede usar las ideas que encontrará en este libro para desconectar los pensamientos negativos que están basados en su pasado. Se podrá convertir en una persona libre, que disfruta de la vida sin que lo agobien las pesadas anclas de su niñez. A pesar de los acontecimientos o influencias que quizás lo hayan afectado negativamente durante su crecimiento, todavía puede dominar al niño interior que quiere controlarlo. Todavía puede hacer las paces con su pasado si se cría nuevamente, ¡pero esta vez a cargo de su Padre celestial!

Pídale al Espíritu Santo que permita que los pensamientos expresados en estas páginas permanezcan en su mente y lo ayuden a cambiar creencias, actitudes e ideas indeseables. Comience a practicar las cosas que aprenda aquí. Ore para recordar lo que descubra. Vuelva a leer una y otra vez las páginas que se apliquen a usted. Copie declaraciones importantes para llevarlas consigo. Memorice, medite y visualice las palabras de Dios como una fuerza guiadora en su vida. Agradezca a Dios que, como hijos suyos, *podemos* ser diferentes.

Un punto más: a medida que este libro lo embarque en lo que podría ser el viaje más importante de su vida, es posible que usted descubra recuerdos, pensamientos y sentimientos que hayan estado enterrados durante muchos años. Quizá sienta una fuerte necesidad de hablar con alguien especialmente preparado para ayudarlo a tratar con lo que está descubriendo. Contáctese con su pastor o con un consejero cristiano profesional de confianza.

Dondequiera que este viaje a través de la vida nos lleve, podemos regocijarnos en la seguridad de que no somos gente desvalida o impotente. Somos una nueva creación adoptada para ser parte de la familia de Dios. No creo que pueda enfatizar excesivamente la importancia de la buena noticia de que Dios "en amor nos predestinó por medio de Jesucristo para adopción como hijos suyos, según el beneplácito de su voluntad" (Efe. 1:5). A medida que entienda en forma más completa este concepto e integre sus verdades en su vida, Dios le dará la revelación, fortaleza y estabilidad que necesita no sólo para vivir en este mundo sino también para experimentar la vida al máximo, a pesar de las presiones e influencias negativas. Hay demasiados cristianos que viven como si fueran huérfanos. Agradezca a Dios cada día por pertenecerle, y pregúntele cómo quiere él que usted viva hoy.

I

Exceso de equipaje: ¿Dónde lo puede poner?

Tiempo atrás, mi esposa y yo tuvimos la oportunidad de viajar en un crucero transatlántico. Puesto que las fechas del viaje y el itinerario estaban fijados con anticipación, nuestra tarea más importante consistió en seleccionar lo que íbamos a llevar. Una vez que juntamos todo y vimos el montón de ropa y otras pertenencias desparramadas en el suelo de la sala, me resultó difícil creer que ese viaje iba a durar apenas ocho días. ¡Se parecía más a una escena de *La vuelta al mundo en 80 días*! Sabíamos que si no éramos cuidadosos al seleccionar lo que llevaríamos, terminaríamos con una cantidad increíble de exceso de equipaje.

Así que empezamos a revisar cada cosa y a preguntarnos: *¿Realmente necesitamos esto? ¿Me voy a poner este vestido? ¿Para qué sirve este aparato? ¿Hará este artículo que nuestro viaje sea más placentero o nos estorbará? Si no llevo esto, ¿no estaré realmente más cómodo?* Tuvimos que tener criterio selectivo. Sabíamos que si llevábamos toda esa cantidad de cosas con nosotros en el crucero, experimentaríamos ciertas dificultades. En primer lugar, tendríamos que efectuar un pago extra por el exceso de equipaje. Así que mi esposa y yo eliminamos gran parte de lo que habíamos juntado.

No obstante, aun después de haber hecho una cuidadosa selección, seguimos llevando demasiadas cosas. Una vez que llegamos al barco y los maleteros trajeron nuestro equipaje al camarote, nos dimos cuenta de que aún teníamos demasiadas valijas y cajas llenas de ropa y artículos personales. Desempacamos y colgamos todo lo que pudimos en el armario, pero la ropa no cabía aunque la metiéramos a la fuerza. Hicimos otra selección y pusimos nuevamente algunas de nuestras pertenencias dentro de las cajas y las maletas.

Pero después tuvimos otro problema: teníamos que acomodar las cajas y las maletas. Guardamos algunas debajo de la cama para que no obstruyeran el paso. Esto funcionaba bien durante el día, pero cuando queríamos descansar o dormir, la cama chocaba contra los bultos y no podíamos estar tan cómodos como realmente podríamos haberlo estado.

¿Y qué podíamos hacer con las maletas que no cabían debajo de la cama? Una opción era dejarlas a plena vista, lo cual no era conveniente. Podíamos tratar de esconderlas hasta en el último rincón del camarote. Pero si usted alguna vez ha estado en un camarote del tamaño de una estampilla de correo, ¡sabe que *no* hay espacio extra!

¡Ajá! ¿Y qué tal tirar los artículos por la borda? ¡Entonces ya no molestarían ni estarían a la vista y habrían desaparecido para siempre! ¡No más problemas ni irritaciones! ¡Pero qué alto precio tendríamos que pagar! La pérdida de aquellos elementos podría afectarnos seriamente durante meses y años. El equipaje habría desaparecido de nuestra vista pero no de nuestra mente.

Nuestra insensata planificación no nos daba muchas alternativas, así que mi esposa y yo decidimos que si alguna vez hacíamos otro viaje en un crucero de placer, tomaríamos decisiones más sabias. Por haber llevado demasiado equipaje, todo nuestro viaje fue dificultoso.

Así como mi esposa y yo llevamos demasiado equipaje en nuestro viaje, los seres humanos podemos arrastrar exceso de equipaje en nuestro viaje a través de la vida. Todos nosotros comenzamos el viaje al nacer, y navegamos hacia la niñez, la adolescencia y la edad adulta aumentando nuestro equipaje. Y este equipaje, las influencias y presiones de nuestros padres y de otras personas durante nuestra niñez, tiene una relación importante con nuestra vida adulta. Nos aferramos a una gran parte del exceso de equipaje de nuestra niñez. Se supone que debemos dejar atrás la niñez y convertirnos en adultos. El apóstol Pablo se refirió a esto cuando dijo: "Cuando yo era niño, hablaba como niño, pensaba como niño, razonaba como niño; pero cuando llegué a ser hombre, dejé lo que era de niño" (1 Cor. 13:11). Sin embargo, en vez de "dejar" nuestras cosas "de niño", tratamos de llevarlas con nosotros durante todo el viaje y, a menudo, esto dificulta el proceso de convertirnos en adultos.

¿Cómo se manifiesta este infantilismo en la vida

adulta? La manera en que un niño es tratado durante su niñez, sea ese trato bueno o malo, se convierte en la manera en que cree que *debería* ser tratado, aun durante su adultez. A medida que crece, perpetuará las acciones de sus mayores hacia él, respondiendo con las mismas reacciones que aprendió cuando era pequeño. Además, en lugar de evitar los aportes negativos de su niñez, criará a sus hijos de la misma manera desfavorable que estuvo acostumbrado a experimentar. A menos que intervenga algo para cambiar sus patrones de conducta, esa persona retendrá ese aspecto de su niñez en sus respuestas adultas.

¿Alguna vez se ha dicho a sí mismo después de decir o hacer algo en particular: *Hacer eso fue una niñería*? ¿Cómo se sintió por lo que hizo? ¿Tuvo un sentimiento positivo o experimentó disgusto? ¿Se volvió crítico de usted mismo por haber tenido ese pensamiento o sentimiento? ¿Se preguntó: *De dónde rayos vino eso*? Así como el exceso de equipaje en nuestro crucero, estas niñerías son fantasmas del pasado. Son obstáculos que se nos presentan cuando tratamos de relajarnos y disfrutar del viaje de nuestra vida. Son exceso de equipaje.

Exceso de equipaje

Una parte del equipaje que acumulamos durante la niñez nos ayuda en nuestra vida como adultos; otra parte se convierte en un obstáculo y crea tensión continuamente. Sin embargo, el hecho de aferrarse a estos patrones adquiridos en una edad temprana, sean útiles o perjudiciales, produce cierta seguridad. Recordamos tanto el placer como el trauma de ser niños. Nunca eliminamos completamente al niño que está dentro de nosotros ni tampoco el recuerdo de nuestras experiencias infantiles. Así lo describe el doctor W. Hugh Missildine:

> El niño que usted fue continúa sobreviviendo dentro de su caparazón de adulto. "Prosperando" quizás sea una palabra más adecuada que "sobreviviendo", puesto que a menudo ese "niño interior del pasado" es un personaje desordenado, caprichoso, peleador, que se enfoca descontroladamente en aquellas actividades que le gustan, entreteniéndose, engañando, mintiendo para librarse de lo que no le gusta, perturbando y arruinando la vida de los demás; o a veces ese niño es temeroso, tímido, reduciendo así parte de su personalidad.
> Nos guste o no, somos a la vez el niño que una vez fuimos, que vive en la atmósfera emocional del pasado y con frecuencia interfiere con el presente, y un adulto que trata de olvidar el pasado y vivir completamente en el presente. El niño que una vez fue puede obstaculizar o frustrar sus satisfacciones adultas, avergonzarlo, acosarlo, enfermarlo o entristecer su vida[1].

Frecuentemente, nuestras tendencias infantiles emergen cuando estamos agotados, enfermos, bajo presión, con demasiadas responsabilidades o cuando nos sentimos amenazados. Si usted está leyendo este libro, seguramente es adulto y posee distintos documentos que así lo prueban: una partida de nacimiento, una licencia de conducir, quizás un acta de matrimonio e incluso varios diplomas. Además tiene marcas en su cuerpo que denotan su edad: a medida que sus años aumentan, las arrugas y las canas, y un poco menos de cabello, dan testimonio de que usted, efectivamente, es un adulto. Pero ni sus credenciales ni sus características físicas significan necesariamente que usted haya "madurado" completamente.

¿Qué es lo que se supone que un adulto maduro debe hacer y ser? Se supone que debe estar al mando de su propia vida. Un adulto toma sus propias decisiones, es responsable de su vida y se comporta según lo que se espera de una conducta adulta. La mayoría de nosotros realiza esto bastante bien la mayor parte del tiempo. Algunos sólo lo logran algunas veces. Otros tienen destellos de conducta adulta con muy poca frecuencia, y estos destellos generalmente aparecen entremezclados con muchas niñerías. Todos nosotros, en algún momento, manifestamos tendencias que no son maduras. Por ejemplo, algunas personas son tan inseguras al tomar sus propias decisiones que necesitan aprobación y afirmación de los demás. Están confinadas en su propia cárcel personal; encadenadas a las reacciones de las personas que las rodean. Pero para un grupo mucho más grande, la mayor influencia controladora son sus padres. Puede que sus padres estén vivos o muertos; pero en realidad, eso no cambia mucho las cosas. Aunque nuestros padres puedan estar muertos o vivir a miles de kilómetros de distancia o estar bajo el mismo techo, sus actitudes y amonestaciones permanecen activas dentro de nosotros. Todavía estamos a merced de sus órdenes porque, como hijos, creíamos en todo lo que nos decían. En consecuencia, podemos encontrar viejos patrones de conducta en nuestras reacciones, modelados por nuestro aprendizaje infantil.

Lo importante es el hecho de que si usted está usando otras relaciones actuales para resolver conflictos pasados con sus padres, en realidad, puede estar deteniendo su propio crecimiento.

Equipaje accesorio

Desde los primeros días de nuestra existencia, sentimos la necesidad de aferrarnos a nuestros padres. Ellos suplen nuestros deseos y necesidades, y nos brindan un sentido de estabilidad. De la misma manera que confiamos en ellos, llegamos a confiar también en los patrones de conducta de la niñez, los cuales persisten hasta la edad adulta. Podemos ser muy conscientes de esto y sentirnos impotentes al lidiar con ello, o se nos pueden presentar como un fantasma que todavía mantiene su control sobre nuestras reacciones. De cualquier manera, los patrones de la niñez, sean sanos o dolorosos, son familiares, y la familiaridad trae consigo seguridad y comodidad.

Por ejemplo, nuestra atracción y apego hacia ciertas personas en nuestra edad adulta pueden ser un residuo de nuestro pasado. Si nuestros padres fueron amorosos, seguramente dejaron su marca en nuestras vidas, y esta marca estará activa aunque no podamos recordar las circunstancias específicas de esa relación. Algunos de nosotros, de adultos, nos sentimos atraídos por personas que se parecen a nuestros padres. Otros, en cambio, se sienten atraídos por personas que son lo opuesto a sus padres.

Un ejemplo de esta clase de apego es María. Cuando salía con chicos, sentía atracción por hombres que realmente no eran adecuados para ella. María se dio cuenta de que eran hombres con cierto tipo de falla. Su propio padre era un hombre apuesto, pero pasivo e inefectivo. Desde muy temprano, durante su niñez, ella lo admiraba tremendamente y luchaba por no ver sus defectos. Pero después de muchos años de desilusión, se sintió traicionada. No obstante, elegía salir con hombres que se parecían a su padre, esperando que fueran confiables.

La experiencia de Juan refleja otra variación de esta tendencia. Fue criado por una madre fría, alejada e indiferente. Era sumamente pulcra y estaba más preocupada de que su casa estuviera perfectamente ordenada que de cuidar de los miembros de su familia. Se vestía bien y no quería que su hijo se le acercara demasiado porque podía "arrugarle la ropa o arruinarle el peinado". Juan sentía que ella lo usaba, porque siempre le decía cómo vestirse, qué hacer y cómo hablar, especialmente cuando recibía invitados. Aunque Juan fue criado sin afecto ni cuidado, ¿con quién sale una y otra vez? Con mujeres que no pueden entregarse a sí mismas y que son poco más que maniquíes faltos de amor. ¿Por qué? Espera lograr que esas mujeres, semejantes a su madre, le den lo que necesita. Selecciona mujeres con poco potencial para darle lo que él necesita y se frustra en su intento de cambiarlas.

Este mecanismo a menudo continúa en el momento de seleccionar pareja. Algunos tratan de volver a crear su familia original. Por ejemplo, un hijo único que no ha podido relacionarse a diario con otros niños de su edad tiene más posibilidades de seleccionar a una figura paterna o materna como cónyuge. Algunos seleccionan como pareja a alguien que funciona como una especie de objeto de transferencia de su pasado, alguien que se parece a un padre, a un hermano o a alguna otra persona significativa, con quien puedan conducirse y relacionarse como lo hicieron con la persona de su pasado. Hasta cierto grado, la mayoría de nosotros hace esto. Pero si hay problemas emocionales no resueltos entre nosotros y esa persona significativa del pasado, entonces pueden surgir problemas. Por ejemplo, usted podría escoger una pareja que se parezca a alguien con quien no se podía llevar bien en el pasado. Usted tampoco se puede llevar bien con este tipo de persona en su situación presente. Sin embargo, no siempre está consciente de que está repitiendo su viejo patrón.

No todas las personas intentan volver a crear sus familias originales cuando se casan. Muchos quieren exactamente lo opuesto y buscan un cónyuge que sea muy diferente. Están tratando de escapar de su familia original y de formar otra distinta. Creen que estarán más cómodos con este nuevo tipo de persona. Pero a menudo, en su ceguera, pueden pasar por alto algunas similitudes. Y cuando posteriormente descubren estas similitudes, sobreviene el pánico, puesto que sienten que su historia está por repetirse. Cuanto mayor sea la cantidad de problemas familiares no resueltos en el pasado, mayor sera su trastorno.

Usted se preguntará por qué las personas estamos tan expuestas a la influencia de individuos significativos de nuestro pasado. ¿Acaso no hay ninguna posibilidad de librarse de esta influencia? ¿Por qué no podemos desentendernos de lo vivido en nuestra infancia? Porque usted empezó su inter-acción con sus padres en estado de desesperación. Usted dependía de ellos para poder existir; y esto lo aprendió rápidamente. También aprendió que tenía que responder de determinadas maneras para man-tener un estado de bienestar con ellos. Si sus padres estaban contentos, entonces usted recibía una aten-ción más positiva. A través de los años, los niños desarrollan y fijan todo un repertorio de respuestas para mantener una buena relación.

A medida que usted fue creciendo, su supervi-vencia física comenzó a depender cada vez menos de sus padres. Pero el hecho de depender de sus padres para *sentirse bien* es algo que decrece mu-cho más lentamente. Y, para algunos, este decreci-miento es insignificante. El doctor Howard Halpern lo expresó muy bien: "El cordón umbilical emocio-nal no sólo permanece sin cortar sino que a menu-do se retuerce hasta convertirse en un nudo gor-diano que nos ata a las reacciones que nuestros padres tuvieron hacia nosotros"[2].

El poderoso niño interior

Algunos padres creen que su tarea es ayudar a que sus hijos se desarrollen hasta convertirse en individuos autónomos y autosuficientes. La mayoría de los padres se esfuerza para lograr este objetivo. Otros, no obstante, dejan que sus necesidades y dificultades interfieran en esa tarea. Sin embargo, en todos los casos, los padres están influidos por sus propios niños interiores, lo cual les impide actuar como adultos de manera completa. Las "cintas de video" de su propia niñez interfieren en la relación con sus hijos. El niño interior de un padre o una madre puede sentirse amenazado por el deseo de sus hijos de crecer y volverse independientes y confiados en sí mismos. ¿Y qué sucede? El niño interior que se está desarrollando en el hijo interactúa con el niño interior del padre o la madre, y se obstaculiza el crecimiento.

¿Significa esto que debemos echar la culpa de todos nuestros problemas y dificultades adultas a nuestros propios padres? ¡Por supuesto que no! ¿Quiénes fueron sus padres? Seres humanos imperfectos como usted y yo. Ellos tuvieron sus propios problemas con la vida y tuvieron que enfrentar los recuerdos de su propia niñez. Las fuerzas sociales y culturales de su época los afectó, y sus propias relaciones matrimoniales también tuvieron su efecto. A causa de sus propias dificultades y de sus percepciones personales de la vida, el concepto que ellos tenían de usted como hijo quizás no era preciso, y no siempre respondían de la mejor manera. Nosotros tampoco respondemos siempre a nuestros hijos de la mejor manera. Seguramente, la mayor parte de las heridas que usted sufrió durante su niñez no se produjeron porque sus padres realmente querían lastimarlo, sino porque no sabían conducirse mejor.

Si les asignamos demasiada importancia a las actitudes de nuestro "niño interior" que son producto de las imperfecciones de nuestra crianza, nuestra percepción del presente se distorsiona. Nos encontramos reaccionando excesivamente o nos sentimos faltos de reacción o terminamos analizando excesivamente nuestras acciones y reacciones. W. Hugh Missildine dice:

> No nos gustan estos sentimientos y reacciones; no entendemos por qué los tenemos; nos avergonzamos de ellos; puede que nos reprochemos por tenerlos. Debido a que los tenemos, nos consideramos algo diferentes, quizás neuróticos; o, estremecidos por ellos, puede que tratemos de proyectar la culpa de ellos sobre la familia, los amigos, el destino o hasta el clima. Mientras continúan repitiéndose, aumenta nuestro disgusto y podríamos sentirnos solos, apartados de los demás[3].

Culpar a los padres o a otras personas por nuestros problemas es una manera excelente de librarnos de nuestra responsabilidad. Sin embargo, no nos librará de los problemas. Usted puede romper las ataduras de la niñez. Como adultos, podemos escoger estancarnos y seguir siendo como somos o tratar de crecer. Nuestra tarea no es preparar un juicio en contra de nuestros padres, hermanos o quienes tuvieron influencia en nuestras vidas. Nuestra tarea es entender quiénes somos y, con la ayuda de Jesucristo, librarnos de cualquier resultado dañino de nuestro pasado. A medida que miramos hacia el pasado y abrimos puertas cerradas, descubriremos fantasmas deambulando por aquí y por allá que nos perturban y molestan. Pero los fantasmas no pueden lastimarnos. No son nuestros enemigos. En el siguiente capítulo, comenzaremos a hacer a un lado esos fantasmas mientras nos damos cuenta de que, como dice Pogo, "Hemos encontrado al enemigo, y somos nosotros".

2

¿Cómo recolectó todo ese equipaje?

Cuando Jaime vino a mi oficina para consejería, apenas podía mantenerse en pie. Su matrimonio estaba en crisis porque su esposa se había cansado de tomar todas las decisiones de la familia. Le había dicho a Jaime que sentía como si estuviera criando un hijo en lugar de disfrutar de la compañía de un esposo. Jaime me dijo que no confiaba en sus habilidades para tomar decisiones debido a que, durante su niñez y su adolescencia, sus padres, su hermano mayor y su hermana siempre habían interferido y planeado cada paso de su vida.

Jaime es una víctima de lo que el doctor W. Hugh Missildine llama "exceso de coerción". Esta es tan sólo una de las actitudes erróneas que asumen algunos padres, y que quizás hayamos experimentado durante nuestra niñez, la cual impide a los hijos llegar a convertirse en adultos maduros. Vea si puede identificarse con uno o más de los si-

25

guientes patrones[1]. Si puede, quizás esto lo ayude a entender la razón por la cual experimenta dificultad en algunas áreas de su vida adulta y le sirva para comenzar a librarse de su pasado.

Actitudes negativas de los padres

El *exceso de coacción* es una de las actitudes más comunes de los padres. Esto significa dar al niño constante dirección, supervisión, redirección, instrucciones y recordatorios. Para tratar de hacerle las cosas "fáciles" o evitar el tiempo y el esfuerzo que requiere enseñar independencia a un niño, los padres le niegan la oportunidad de buscar y desarrollar sus propios intereses.

En este ambiente, un niño tiene que elegir entre resistir la influencia directa o indirecta de los adultos o someterse y aprender a depender de otros para recibir dirección. Un niño que se resiste al exceso de coerción puede manifestar su resistencia olvidándose de las instrucciones que recibió, postergando las cosas para más tarde, evadiéndose de la realidad o perdiendo el tiempo. Si aprende a someterse al exceso de coerción, es muy probable que esta necesidad de dirección externa siga vigente cuando se convierta en adulto, transformándose en un patrón de conducta, o conduzca a una actitud de extrema autoexigencia, imponiéndose órdenes y amonestaciones como lo hicieron sus padres.

El adulto que ha sufrido exceso de coerción ha aprendido a resistir sus propias instrucciones. Se convierte en un niño para con sus propias órdenes de padre. El ciclo resistente del niño todavía está funcionando.

El *exceso de sometimiento* es lo opuesto al exceso de coerción. El padre excesivamente sumiso se somete a las exigencias del niño, a los arranques e impulsos de su temperamento y deja que el niño mande, controle y se convierta en el "jefe". Los padres pueden hacer esto por "amor" al niño, pero esta actitud no es amorosa y, en última instancia, daña al niño. Como resultado, la respuesta del niño es volverse aún más exigente, y rápidamente pierde el interés por los derechos de los demás. La palabra "no" le resulta extraña. Como no aprende límites durante su niñez, de adulto continúa sin comprender el significado de la palabra.

Cuando llega a la adultez, tales metas infantiles son a menudo socavadas por su propia conducta impulsiva. Esta conducta puede llevarlo a comer, fumar o beber en exceso y, con frecuencia, se vuelve desconsiderado, se enoja con facilidad y no tiene en cuenta los derechos de los demás.

El *perfeccionismo* se encuentra comúnmente en una persona que es exitosa, pero que no está satisfecha con el nivel de sus logros. Las cosas nunca le parecen buenas o, al menos, no le parecen lo suficientemente buenas. ¿Dónde aprendió el perfeccionista esto? Generalmente, en un hogar donde experimentó aceptación condicional. Sus padres esperaban que él rindiera muy por encima de todos los estándares, y sólo en ese caso se daba la aceptación; y él cooperaba con este dictamen esforzándose excesivamente y desarrollando una preocupación extremadamente seria por el rendimiento. De adulto, vive con la constante sensación de no merecer nada porque no le parece que puede estar a la altura de los estándares de sus padres.

Este patrón de menosprecio hacia sí mismo se prolonga de la niñez a la edad adulta. Los perfeccionistas se decepcionan de sus logros y rara vez encuentran gozo en la vida. Aun cuando otras personas podrían estar muy satisfechas con los logros del perfeccionista, ellos se miden a sí mismos con otros estándares.

El *exceso de indulgencia* sucede en un ambiente donde los regalos, privilegios y servicios son despilfarrados en favor del niño, no porque el niño necesite o quiera esa atención; en realidad, sus deseos nunca son tomados en cuenta. Después de años de engreimiento, el niño se aburre, pierde la iniciativa y espontaneidad, y se vuelve apático. Puesto que nunca aprendió a trabajar para recibir recompensas, su habilidad de ser persistente y perseverante no existe.

Ese niño ahora se ha convertido en un adulto consentido. Si los demás no lo atienden, culpará a la vida misma o a aquellos que se involucran en su vida. Continuará buscando gente que complazca sus deseos y anhelos. Pero cuando encuentra tales personas, ¿cómo responde? Con aburrimiento, apatía y otras actitudes semejantes: se repite el patrón infantil.

El *castigo permanente* es una respuesta paterna o materna que se puede manifestar de muchas maneras, incluyendo la total hostilidad y agresión hacia el niño. A menudo, se combina con el exceso de coacción y el perfeccionismo. Los padres se sienten justificados con la acción punitiva, pero generalmente la aplican por enojo, frustración o impaciencia, y no por acciones o actitudes del niño. Después de ser objeto constante de la acción punitiva, el niño puede aprender a comportarse de una manera que refuerza, justifica o invita al castigo.

Si sus padres fueron constantemente punitivos, el adulto-niño puede aprender a vengarse. Puesto que nunca ha experimentado realmente relaciones agradables con otros, a menudo, puede estar abrumado con sentimientos de revancha. Por otro lado, si sus padres le mostraron afecto pero fueron excesivamente punitivos, el adulto-niño puede aprender a crear situaciones en las que experimenta el castigo por medio de la autocrítica y la culpa.

El *abandono* ocurre cuando los padres casi nunca están presentes o están demasiado ocupados como para involucrarse con el niño en cada etapa de su desarrollo. El abandono se encuentra en todos los niveles de la sociedad. Un niño que experimenta el abandono en sus primeros años de vida será sensible a distintas posibles dificultades en su vida adulta. Quizá le falte habilidad de desarrollar relaciones cercanas y significativas o pueda tener dificultades para ponerse límites a sí mismo, porque durante su niñez nadie se interesó en ponerle límites. Puede tener dificultades para desarrollar una identidad propia que lo ayude a relacionarse con los demás.

El *rechazo*, créalo o no, no es tan común como se piensa, al menos en el sentido estricto de la palabra. Generalmente, aparece entremezclado con otra reacción paterna o materna, o el niño interpreta una reacción distinta como rechazo. Un niño que es rechazado continuamente desarrolla un bajo concepto de sí mismo. A medida que crece, se vuelve amargado, inquieto; se siente aislado, incapaz y de poco valor.

Una manera en que los padres muestran su rechazo hacia un niño es asignándole demasiada responsabilidad. Le asignan responsabilidades que aún no está preparado para asumir. Como resultado, no tiene la oportunidad de experimentar el hecho de ser un niño, y anhela lo que le está haciendo falta: aceptación, afecto y estímulo.

Cuando llega a la adultez, puede tener tendencia a asumir demasiadas responsabilidades, y puede afrontar dificultades para aprender a descansar, recrearse y disfrutar de la vida. No sólo restringe su propia vida, sino que también puede imponer restricciones a quienes lo rodean.

Estas son algunas actitudes comunes de los padres y el ambiente hogareño. ¿Dónde se encuentra usted en todo esto? ¿Qué influencia de su pasado contribuye con la persona que es usted hoy en día?

Al final de este capítulo, haremos algunas preguntas que lo ayudarán a determinar cuánto de este exceso de equipaje de su pasado aún está llevando consigo y cómo puede comenzar a quitárselo de manera positiva y constructiva.

Pero, primero, considere más detenidamente el ambiente en el que creció y si usted está o no perpetuando o creando en su hogar actual alguna situación potencialmente destructiva.

Ambiente depresógeno

Algunos niños se han criado en un ambiente

que acoge la depresión y mantiene la autoestima en un bajo nivel. Este tipo de ambiente hogareño, contrario al ideal cristiano, se llama "ambiente depresógeno". No obstante, muchos cristianos han creado en sus hogares un ambiente depresógeno poniendo demasiado énfasis en las prohibiciones y evitando los elogios por las cosas positivas que hacen los miembros de la familia. Un ambiente depresógeno no provee estas importantes necesidades positivas. No provee ni al niño ni al adulto el apoyo adecuado para su autoestima.

En la mayoría de los casos, este ambiente socava la autoestima o produce emociones y conflictos que la persona no puede controlar. Generalmente, esto trae como resultado la depresión. Si vivimos en una atmósfera en la que recibimos el hostigamiento constante de alguien que amamos y respetamos, viviremos con sentimientos de dolor, culpa e impotencia. A medida que nos volvemos más vulnerables, los intercambios verbales y no verbales nos pueden afectar más y mas. A continuación, señalo algunas actitudes típicas que constituyen un ambiente depresógeno.

1. Existen personas que tratan de controlarnos, de manera que no podemos lograr ningún tipo de independencia. Este control puede ser sutil o abierto, pero, en ambos casos, nuestra vida está controlada por otra persona; y con el tiempo, comenzamos a creer que no podemos existir sin esa dirección.

2. Otros tratan de convencernos de que los necesitamos y que no podemos sobrevivir sin su apoyo emocional.

3. Recibimos mensajes ambivalentes que socavan nuestra autoestima. Por ejemplo: "A pesar de lo desarreglado que te ves, aun así te amamos" o "Supongo que esta es la carga que tenemos que sobrellevar por tener un hijo con problemas como tú. Pero recuerda: a pesar de todo, te queremos".

4. Otros intentan hacer que nos sintamos culpables tratando de convencernos de que somos responsables por determinadas situaciones o condiciones. Tratan de hacernos sentir miserables. Y pueden lograrlo sin decir una sola palabra. Un padre puede entrar en la habitación de su hijo, mirar alrededor para ver qué tan ordenada está, mostrarse disgustado, sonreír burlonamente, menear la cabeza y salir. ¿Qué clase de sentimientos intenta provocar en su hijo?

5. Nuestras intenciones y acciones pueden ser malinterpretadas por personas que son importantes para nosotros, y eso puede llevarnos a dudar de nuestras propias percepciones. Muchas preguntas pueden instalar estas dudas: "¿Realmente dijiste o hiciste eso?", "No lo dijiste en serio, ¿verdad?", y otras similares. Escuchar estas declaraciones con suficiente frecuencia puede crear dudas.

6. El rechazo y la indiferencia ocurren también cuando está bloqueado el proceso de comunicación en nuestros hogares. Una relación en la que no se pueden expresar sentimientos profundos e importantes obstaculizará el crecimiento.

7. La competitividad en una relación familiar puede causar depresión y/o una baja de la autoestima. Cualquier cosa que se haga para fomentar la envidia o los celos puede tener un efecto dañino sobre la familia. Si nos compararan con otros niños u otro niño a quien se le dio más atención, nos afectará.

8. Si en el hogar no hay una cuota de humor y se mantiene una constante monotonía, nos podríamos preguntar con respecto a nosotros mismos: *¿Soy yo la causa de esta vida tan aburrida? ¿Por qué no son aceptados mis intentos de ponerle un poco de alegría y variedad?* Si recibimos pocas o ninguna respuesta positiva, aprendemos que compartir no es seguro.

9. Si no se nos permitió mostrar enojo cuando crecimos, probablemente aprendimos a bloquear esta y otras expresiones emocionales. Quizás también hemos canalizado nuestro enojo para que se convierta en depresión[2].

¿Qué *hacemos* con el exceso de equipaje?

Las actitudes depresivas como las que acabamos de describir pueden dejarnos con un niño interior que carga una gran cantidad de exceso de equipaje, que se transforma en un obstáculo constante con el que tropezamos en los momentos menos deseados. Aunque seamos conscientes de esas tendencias infantiles y tratemos de esconderlas debajo de la cama, aun así experimentamos su presencia cuando necesitamos descansar y relajarnos. De manera que el niño interior causa bastante dolor cuando estamos despiertos y cuando estamos descansando.

Algunos de nosotros nos damos cuenta de este exceso de equipaje, pero tratamos de esconderlo en el armario. Sin embargo, algún día tenemos que abrir el armario. Allí nos encontraremos, una vez más, cara a cara con nuestro niño interior. Quizás podamos resolver el asunto inmediato, pero esto no resuelve su continua influencia sobre nuestra vida cotidiana.

¿Puede usted echar por la borda el exceso de equipaje del niño interior y eliminar su influencia? ¿Puede realmente eliminar los efectos de las experiencias de su niñez? ¿Es posible deshacerse de usted mismo y comenzar de nuevo? Por supuesto que no. No podemos derrotar al poderoso niño interior, pero sí podemos identificarlo y comenzar a corregir nuestras actitudes negativas con respecto a él. Necesitamos tratarnos con la misma consideración que Dios tiene para con nosotros. Podemos liberarnos de cualquier resentimiento y amargura que tengamos hacia personas que han sido importantes para nosotros en el pasado y darnos cuenta de que podemos llegar a ser adultos maduros. Nuestros recuerdos siempre estarán con nosotros, pero su efecto puede ser disminuido. Los cristianos tienen esta capacidad. Podemos convertirnos en padres positivos de nosotros mismos.

Reconstruya su pasado

Use sus recuerdos como la clave para comprender su pasado y la influencia que su niño interior ha tenido en sus emociones y reacciones como adulto. Para ganar una mayor conciencia y comprensión de su desarrollo infantil, hágase primero preguntas como estas: *¿Cómo era yo realmente como niño? ¿Cuáles eran las reacciones de mis padres hacia mí? ¿Cuáles eran mis reacciones hacia las respuestas de mis padres para conmigo?*

Para ayudarlo a recordar algunas de estas experiencias, tome lápiz y papel y busque una silla cómoda donde sentarse. Comience a reconstruir su niñez desde los primeros años que pueda recordar. A algunos les resulta útil mirar fotos de su niñez, las cuales pueden activar recuerdos olvidados. Tenga lápiz y papel a mano en todo momento. Otros recuerdos saldrán a la luz durante el día, cuando menos lo espere. Cuanto más recuerde, más útil puede ser. Todos podemos recordar momentos aislados en que estábamos solos o nos sentíamos temerosos, enojados o rechazados. Lo que usted busca, sin embargo, son patrones preponderantes que han permanecido a través de los años. Trate de descubrir las actitudes cotidianas consistentes que percibió que otros tenían hacia usted.

A medida que comience a reconstruir sus recuerdos, hágase consciente de los sentimientos que cada uno de ellos evoca en usted. Debido a algún dolor intenso causado por estas experiencias, algunos recuerdos pueden estar bloqueados o encerrados detrás de muchas barreras. Pero si el dolor persiste, eso significa que estos recuerdos aún están activos y lo están afectando. Deje que los sentimientos salgan a la superficie. Pero evite apegarse a alguno de ellos. Puede suceder que, a causa del dolor, se encuentre regresando a un recuerdo específico una y otra vez. Quizá sienta la necesidad de analizarlo para tratar de entender lo que pasó, dedicando una cantidad de tiempo desmedida para probarse a sí mismo que usted no tuvo la culpa de lo que ocurrió.

Si el dolor proviene de algún incidente aislado, quizá le resulte difícil tener una imagen clara y completa de su niñez. Busque temas o patrones que fueron consistentes durante sus primeros años de vida y trate de determinar cuál fue su forma de reaccionar en ese ambiente.

Su meta es descubrir cómo se relaciona su pasado con su presente. Sus reacciones en el trabajo, con su cónyuge o frente a sus amigos pueden estar basadas en actitudes y métodos aprendidos en la niñez. Use sus patrones actuales para determinar sus influencias pasadas o comience desde su niñez y avance hacia el presente para comprender mejor estos hábitos.

Las preguntas y sugerencias que se mencionan a continuación lo ayudarán con su proceso de reconstrucción:

1. ¿Cuáles eran sus estados de ánimo cuando era niño?
2. ¿Era feliz? Si así fue, ¿en qué momentos se sentía más feliz?
3. Piense en los momentos en que era demandante, cuando sentía lástima de usted mismo o se sentía solo.
4. Recuerde las veces en que intentó buscar la aprobación de sus padres y cómo trató de

hacerlo. ¿En qué oportunidades le dieron su aprobación? ¿Cómo se sintió usted?

5. ¿Cuáles fueron sus temores? ¿Quién sabía de ellos?
6. ¿Cómo reaccionaban los demás cuando usted les decía que tenía miedo?
7. ¿Cómo reaccionaba su hermano o hermana de manera consistente?
8. ¿Cuál era la actitud de su padre día tras día, semana tras semana, hacia usted?
9. ¿Cuáles eran las respuestas y reacciones continuas de su madre?
10. ¿Eran estrictas, indulgentes, moralizadoras, exigentes?
11. ¿Exigían perfección de parte suya?
12. ¿Fue engreído en alguna forma?
13. También es importante recordar cómo reaccionó usted frente a las reacciones de los otros. ¿Aceptaba todo lo que le decían?
14. ¿Trató de ajustarse a todo lo que se le pedía?
15. ¿Cumplió con las expectativas y las peticiones de los demás?
16. ¿Cuál era su actitud?
17. ¿Fue irrespetuoso?
18. ¿Se enojaba o era antipático?
19. ¿Cómo respondía la gente a su enojo o a su antipatía?
20. ¿Aprendió a manipular a sus padres para obtener lo que quería?
21. ¿Cómo era la atmósfera de su hogar? ¿Feliz, amorosa, tensa, antagónica, silenciosa, depresógena?
22. Mientras continúa la búsqueda de recuerdos

de su pasado, hágase estas preguntas con respecto a sus padres. ¿Tuvo él/ella tiempo para mí?

23. ¿Estaba él/ella en casa la mayor parte del tiempo?
24. ¿Podía acudir a él/ella para ayudarme con mis problemas o dificultades?
25. ¿Cómo reaccionaba él/ella?
26. ¿Y cómo trataba yo su reacción?
27. ¿Cuáles eran/son las cualidades positivas de su padre y de su madre?
28. ¿Cuáles eran/son las cualidades negativas de su padre y de su madre?
29. Describa el concepto que tenía/tiene de cada uno de ellos.
30. ¿Qué emociones expresan normalmente su padre y su madre?
31. Describa cómo cada padre se comunicaba/comunica con usted.
32. Describa su experiencia más agradable y desagradable con su padre y con su madre.
33. ¿Qué mensajes le transmitieron su padre y su madre durante su infancia y su adolescencia?
34. ¿Cuáles son sus mensajes hoy en día?
35. ¿Cómo reaccionó ante esos mensajes?
36. Describa la forma en que lo castigaba su padre y la forma en que lo castigaba su madre.
37. ¿De qué manera lo criticaban su padre y su madre?
38. ¿Cómo se sentía cuando lo criticaban?
39. ¿En qué se parece usted a su padre?
40. ¿En qué difiere de su padre?

41. ¿En qué se parece usted a su madre?
42. ¿En qué difiere de su madre?
43. Durante su niñez, ¿tenía una relación cercana o lejana con su madre?
44. ¿Qué tal ha sido esta relación durante los últimos 10 años?
45. Durante su niñez, ¿tenía una relación cercana o lejana con su padre?
46. ¿Qué tal ha sido esta relación durante los últimos 10 años?
47. ¿Tuvo hermanos o hermanas?
48. De ser así, ¿cómo era la relación con ellos entonces, y cómo es ahora?

Estas relaciones son importantes, pero no tanto como las relaciones que usted ha tenido con sus padres. Pero si las actitudes de sus hermanos afectaron las actitudes de sus padres hacia usted, entonces pueden ser muy importantes. Si usted fue el chivo expiatorio o el culpable de todas las peleas, entonces usted desarrolló ciertas actitudes a partir de esas circunstancias.

49. Considere su vida hoy en día y luego relaciónela con su pasado. ¿En qué situaciones se siente más incómodo?
50. ¿Estas situaciones tienen algún parecido con sus experiencias pasadas?
51. ¿En qué situaciones es su enojo excesivo o inapropiado?
52. ¿Esos momentos le recuerdan situaciones de su pasado?
53. ¿Es esta la manera en que usted respondía como niño?

54. ¿Cuándo sufre temores o ansiedad?

55. ¿Quién está presente cuando sufre temor o ansiedad?

56. ¿Estos momentos le recuerdan experiencias de su pasado?

57. ¿Alguna vez se siente avergonzado? ¿En qué circunstancias?

58. ¿En qué oportunidad fue avergonzado como niño?

59. ¿Quién lo avergonzó más?

60. ¿En qué situaciones se siente muy cohibido? ¿Por qué?

61. ¿Cuándo se sintió cohibido en el pasado?

62. ¿Cuándo se siente solo?

63. ¿Es este un sentimiento nuevo o es un sentimiento del pasado que continúa persiguiéndolo?

64. ¿Cuáles son las personas con las que tiene mayor dificultad para relacionarse?

65. ¿Estas personas son parecidas o diferentes de las personas significativas de su niñez?

66. ¿Está reaccionando en su vida adulta como adulto o continúa reaccionando de modo infantil viviendo sólo para usted mismo?

67. ¿Está utilizando respuestas prestadas de su pasado o ha desarrollado respuestas propias y sanas para transformarse en una persona libre?

Dos preguntas finales para su reconstrucción: ¿de qué manera la presencia de Jesucristo en su vida está desconectando las reacciones del pasado con las del presente? ¿Está convirtiéndose en una persona libre, que vive su vida presente sin que las pesadas anclas de su pasado dificulten su desarrollo?

Quizás todavía no haya vinculado a Jesucristo con su vida en esta área de su pasado. Usted puede pedirle que libere el bloqueo de su mente para tener un mayor entendimiento y estar alerta frente a sus experiencias pasadas. Puede pedirle que le dé claridad para poder traer a su memoria esos recuerdos con exactitud. Pídale que lo ayude a identificar si continúa tratándose a sí mismo como lo trataron otros durante su niñez.

Jesucristo vino a librarnos de las consecuencias del pecado y la muerte, pero también de los patrones y las experiencias agobiantes del pasado.

Ahora que ha reconstruido su pasado, en el siguiente capítulo aprenderá cómo puede cambiar la manera en que ha estado reaccionando y cómo puede llegar a transformarse en un adulto maduro.

3

"Yo, ¿cambiar? ¡Imposible!".
¿O en verdad es posible?

A medida que guío a la gente a desprenderse de las capas del pasado, casi siempre surge la misma pregunta: "¿Cree usted que realmente puedo cambiar? ¿Qué bien me puede hacer todo esto de recordar mi niñez y los errores de mis padres?".

A menudo, detrás de estas preguntas, estas personas realmente están diciendo: "No estoy seguro de que quiera cambiar. Tengo mis problemas, pero los estoy sobrellevando. Revolver mis sentimientos y recuerdos podría empeorar las cosas, no mejorarlas".

Comprendo esas declaraciones. Revelan cierto nivel de incomodidad, e incluso miedo. Pero sé, después de muchos años de consejería, que tratar con el niño interior del pasado vale la pena.

Pablo, un ejecutivo de 40 años de edad, me dijo: "Durante años pasé mi vida rengueando. Otra gente me veía feliz, exitoso y satisfecho. ¡Qué gracioso! Mi vida era dolor; puro dolor interior. Yo era muy astuto para esconderlo ante mis amigos. Pasé la vida sonriendo por fuera y agonizando por dentro. No tenía ninguna esperanza de que mi vida interior fuera a cambiar. No cambió durante años. Pero ahora puedo decir que una persona no tiene por qué vivir con dolores y recuerdos agobiantes del pasado que controlen su vida. Mi vida comenzó a cambiar gradualmente al principio, pero ahora estoy libre para vivir como Dios quiere que viva".

Pablo encontró una manera de librarse de las heridas agobiantes del pasado. Usted puede sentirse como Pablo. Al principio, quizá se sienta atascado y perciba que la esperanza es apenas una bruma fugaz. Pero siga leyendo. En verdad, hay esperanza.

El cambio es posible para los creyentes en Cristo porque nuestra fe es una transformación interna, no sólo un cambio externo. Sin embargo, muchas personas sólo consiguen una transformación externa. El plan que Dios tiene para nuestras vidas crea un cambio interno que luego pasa a ser externo. Cuando Pablo dice: "Hijitos míos, por quienes vuelvo a sufrir dolores de parto hasta que *Cristo sea formado en vosotros*" (Gál. 4:19, cursivas añadidas), él nos está diciendo que tenemos que dejar que Jesucristo viva *dentro* y *a través* de nosotros.

En Efesios 4:23, 24 se nos dice: "Renovaos en el espíritu de vuestra mente, y vestíos del nuevo hombre que ha sido creado a semejanza de Dios en justicia y santidad de verdad". Debemos vestirnos del nuevo hombre desde adentro. Somos capaces de vestirnos del nuevo hombre porque Dios ha puesto a Jesucristo dentro de nosotros. Debemos dejar que trabaje dentro de nosotros. Esto significa que debemos darle acceso a nuestro banco de memoria y a las experiencias pasadas de las que necesitamos liberarnos.

Quiero cambiar, pero...

"Sí", dice usted, "quiero realizar cambios en mi vida, pero tengo miedo". Veamos un momento por qué la gente tiene miedo al cambio.

Ante todo, vivir la vida tal como es, brinda un sentido de estabilidad, y esta estabilidad se ve amenazada cuando usted hace un cambio. El cambio, sin embargo, es parte de la vida. Es inevitable. ¿No es mejor prepararse para el cambio y actuar sobre él? ¿Por qué ignorar lo que, de todos modos, sucederá? Usted debe ser capaz de ver al cambio no como a un enemigo sino como una oportunidad de crecimiento y madurez.

Algunas personas tienen miedo de cambiar porque no quieren parecer incoherentes. Se preocupan demasiado por lo que los demás pensarían y dirían de ellos.

Otras personas creen que cambiar es admitir el fracaso. Tendrían que admitir ante sí mismos, y quizás también ante otros, que han estado viviendo su vida de una manera equivocada, y aborrecen admitir que están equivocados. Pero, en realidad, admitir que uno quiere que su vida sea diferente es señal de madurez. Cambiar significa que estamos preparándonos para el futuro, que estamos adaptándonos a nuevas situaciones y que deseamos crecer. Que el mundo está cambiando y que queremos adaptarnos y afectar algo de ese cambio.

Algunas personas se resisten al cambio porque no quieren sentirse controladas ni programadas. Creen que el cambio debe ser espontáneo, natural y no algo planificado. Pero ninguno de nosotros es tan espontáneo y libre. Seamos conscientes o no, tomamos decisiones grandes y pequeñas todo el día.

Algunas personas tienen temor de experimentar cambios. Cambiar es arriesgado, y nadie puede garantizar el resultado. Algunos cambios pueden empeorar las cosas, pero eso es parte del riesgo. En realidad, las posibilidades de que ocurran cambios positivos en su vida, si sigue las sugerencias de este libro, son bastante altas. Pero para que haya cambios, usted necesita ser flexible y estar dispuesto a correr el riesgo. Es mucho más arriesgado quedarse atascado en el mismo patrón toda su vida. Si en este momento está totalmente satisfecho con su vida, quizá no quiera cambiar. Pero ¿está seguro de que no hay una mejor manera de vivir? ¿Por qué no intentar algo nuevo? Y si usted cree en Cristo, ya tiene ventaja en cuanto a la posibilidad de cambiar.

Cuando usted aceptó a Cristo, se convirtió en una nueva creación en él. Ahora se identifica con él. En 2 Corintios 5:17, Pablo dice: "De modo que si alguno está en Cristo, nueva criatura es; las cosas viejas pasaron; he aquí todas son hechas nuevas". Luego, en Romanos 6:6, dice: "Nuestro viejo hombre fue crucificado juntamente con él... a fin de que ya no seamos esclavos del pecado".

Al creer en Jesucristo, hemos muerto con él y resucitado con él como una nueva creación. Todas las cosas son nuevas. ¿En qué forma es usted nuevo el día de hoy? ¿Cómo puede su mente, su vida pensante, transformar la influencia de las experiencias pasadas? En 1 Corintios 2:16 se nos dice que "tenemos la mente de Cristo". En 1 Corintios 1:30 leemos: "Por él estáis vosotros en Cristo Jesús, a quien Dios hizo para nosotros sabiduría, justificación, santificación y redención". Usted y yo tenemos la sabiduría de Dios. Junte esta idea con el hecho de que tenemos la mente de Cristo: *No sólo tengo la mente de Cristo, sino que tengo también la sabiduría de Dios para aplicarla al usar la mente de Cristo en mi vida.*

Esto es muy importante. ¿Por qué? Porque una de nuestras batallas es aquella que se libra en contra de los fantasmas de nuestro pasado. Las Escrituras se refieren a este fantasma como el "viejo hombre" (Rom. 6:6). La mente de nuestro viejo hombre ha sido programada con nuestras experiencias antiguas. E incluso antes que esto, llegamos al mundo con una mente que ha sido afectada por la caída del hombre. Por lo tanto, comenzamos a vivir con una mente propensa a los pensamientos negativos, la preocupación, el temor, la culpa y el recuerdo de experiencias que necesitaríamos dejar atrás. Aun cuando nos convertimos en creyentes, el residuo, el fantasma, de la vieja manera de pensar aún sigue con nosotros. Tiende a influir en nuestra voluntad, nuestras emociones, nuestros pensamientos y nuestra conducta.

Nuestras heridas del pasado son como llagas abiertas que sangran hasta cubrirse de costras. Pero, de vez en cuando, las costras se desprenden.

Desgraciadamente, lo que queda al descubierto no es el tejido de una vida restaurada, sino la misma llaga ensangrentada.

Mucha gente pasa toda su vida sin sanar esas heridas emocionales. Las llevan en sus recuerdos. Y la capacidad de vivir afectados por nuestro pasado, en realidad, aumenta con la edad, ya que, cuantos más años tenemos, más tenemos para recordar. Hasta cierto punto, nuestra vida es el reflejo de nuestros recuerdos. Los sentimientos presentes —tales como el gozo, la tristeza, el enojo, el dolor y la satisfacción— dependen más de la manera en que recordamos un suceso que del suceso en sí. Cuanto más tiempo haya transcurrido entre el suceso y el presente, hay más posibilidades de que el recuerdo sufra distorsiones. Lo que somos hoy en día es producto de cómo recordamos nuestros sucesos pasados. Recientemente, escuché al doctor Lloyd Ogilvie describir esta condición en una predicación un domingo por la mañana. Él dijo:

> Nosotros hipotecamos el futuro basados en lo que nos sucedió en el pasado. Tenemos recuerdos positivos del pasado que no podemos imaginar que se pudieran repetir y tenemos recuerdos negativos que sabemos que se repetirán.
>
> A menudo, nos convertimos en la imagen de lo que recordamos en lugar de lo que prevemos para el futuro.

Sanando los recuerdos dolorosos

Nuestras emociones y su intensidad están relacionadas con la memoria. Henri Nouwen dijo: "El remordimiento es un recuerdo cortante, la culpa es un recuerdo acusador, la gratitud es un recuerdo feliz y todas esas emociones son influidas profundamente por la manera en que hemos integrado los sucesos del pasado a nuestra forma de ser en el mundo. De hecho, percibimos nuestro mundo con nuestros recuerdos"[1].

¿Alguna vez ha pensado en la posibilidad de que gran parte del sufrimiento en la vida de una persona provenga de sus recuerdos? ¿Cómo surgen estos recuerdos? Como sentimientos; sentimientos de soledad, inseguridad, temor, ansiedad, sospecha. La razón por la cual lastiman es porque tienden a estar enterrados y surgen cuando quieren, independientemente de nuestra voluntad. Cuanto más dolorosos sean estos recuerdos, más escondidos y reprimidos se vuelven. Se esconden, por así decirlo, en una esquina de la caverna más profunda de nuestra mente; y porque están tan escondidos, se vuelven difíciles de sanar.

¿Qué hace usted con un recuerdo doloroso? Quizá trate de olvidarlo o de negarlo, como si nada hubiera ocurrido. Tratar de olvidar las heridas del pasado les da a estos recuerdos poder y control sobre su vida, de modo que usted no puede librarse de su carga. Usted se convierte en un desvalido emocional andante. Intenta editar su propia historia personal y trata de recordar de manera selectiva, pero a costa de un alto precio: por un lado, vive arrastrando un pesado lastre y, por otro, se pierde la oportunidad de crecer y madurar.

Pero las cosas pueden ser de otra manera. Un recuerdo doloroso puede dejar de ser un recordatorio ardiente para convertirse en un don sanador. ¿Cómo se efectúa esta sanidad? Encarando sus recuerdos, recordándolos, dejándolos salir del armario. Henri Nouwen dijo: "Lo que se ha olvidado no está disponible y lo que no está disponible no puede ser sanado"[2].

La sanidad de un recuerdo intensamente doloroso es difícil debido a las defensas que hemos levantado para evitar que nos confrontemos directamente con ese fantasma del pasado. En nuestras mentes, levantamos un puente levadizo para que no entre el enemigo, pero de este modo también alejamos a los demás. Esto nos impide disfrutar de una intimidad profunda y del desarrollo de la confianza y el amor hacia otros. Levantar el puente no hace que nuestro castillo sea más seguro, sino que convierte a nuestro santuario en un calabozo. Para sanar nuestras heridas del pasado, debemos bajar el puente renunciando a nuestro mecanismo de defensa y confrontando los recuerdos dolorosos.

Podemos bajar el puente debido a la presencia de Cristo en nuestras vidas. Él nos da dos posibilidades para obtener crecimiento y felicidad: en primer lugar, él cambia los viejos patrones eliminando los efectos de los recuerdos dañinos; en segundo lugar, nos ayuda a usar nuestra mente, emociones y voluntad para comportarnos de una manera nueva, más positiva.

Nuestra tarea es, entonces, por medio de Cristo, pulir las asperezas y llenar las grietas que agotan nuestra energía e impiden que avancemos. Cristo es el maestro escultor que nos renueva según su imagen (ver Col. 3:10).

Cuando un fanático le dio varios golpes destructores a *La Piedad* de Miguel Ángel, el mundo se horrorizó. Nadie se sorprendió cuando los mejores artistas del mundo se reunieron para recrear la obra de arte desfigurada.

Cuando los escultores llegaron a Italia, no comenzaron reparando inmediatamente el rostro desfigurado: pasaron meses mirando *La Piedad*, tocando las líneas fluidas, apreciando la manera en que cada parte expresaba sufrimiento y éxtasis. Algunos pasaron meses estudiando una sola parte, como la mano, hasta que finalmente los escultores comenzaron a ver la obra de un modo cada vez más cercano a la forma en que la concibió Miguel Ángel y pudieron tocarla y sentirla como su creador lo hubiera hecho. Cuando los escultores finalmente comenzaron a reparar el rostro, los golpes le pertenecían casi tanto a Miguel Ángel como a ellos mismos.

No fue la mano escultora de Miguel Ángel sino la de Dios la que nos dio forma usando el barro hasta convertirnos en una obra maestra que superó incluso a *La Piedad* (Gén. 2:7). No debería sorprendernos que Dios nos amoldara constantemente y que, tan pronto como nos desfiguramos, él ya estuviera esculpiendo y juntando nuevamente nuestras piezas.

Cuando pedimos sanidad, no debemos correr inmediatamente hacia ella. En cambio, debemos comenzar a conocernos a nosotros mismos como lo hace nuestro Escultor. No vemos la magnitud de nuestra necesidad de sanidad hasta que vemos nuestro valor infinito. El golpe egoísta más pequeño destruye más que cualquier golpe a *La Piedad*.

"Somos hechura de Dios, creados en Cristo Jesús para hacer las buenas obras que Dios preparó de antemano para que anduviéramos en ellas" (Efe. 2:10). Cuando le agradecemos a Dios por los dones que nos da, dejamos de vernos desde nuestra propia perspectiva y comenzamos a vernos desde la de él. Si conocemos nuestras características y nuestros dones, entonces sabemos de qué manera necesitamos ser sanados y así podemos llegar a ser todo lo que nuestro Escultor prevé[3].

Para permitir que el Maestro Escultor trabaje en nosotros, necesitamos ver qué se usó en nuestro proceso de formación. El concepto de nosotros mismos comenzó en la infancia. Sonrisas o ceños fruncidos, represiones o felicitaciones, comentarios sarcásticos o afirmadores de nuestros padres, y otras personas, se archivaron en nuestro banco de memoria. Este banco de memoria se convierte en nuestro almacén de creencias, sentimientos y percepciones de los cuales nos valemos durante toda nuestra vida. Algunas cosas en nuestro banco de memoria son potencialmente dañinas y van a permanecer con nosotros a menos que tomemos pasos definitivos para reemplazarlas por algo mejor. Los bancos de memoria de algunas personas les permiten transitar por el mundo con mucha información positiva, y la vida es buena para ellos. Los bancos de memoria de otros los envían con un déficit, y la vida se les presenta como una constante lucha.

La autoimagen que se forma a partir de las palabras y las acciones de otras personas durante toda nuestra infancia refleja la manera en que nos vemos a nosotros mismos: dignos o indignos de respeto y amor, competentes o inútiles, simpáticos o desagradables, exitosos o fracasados. Tendemos a responder según lo que se ha almacenado en nuestros bancos de memoria. Un padre notó que cuando llegaba alguna visita a su casa, él se volvía brusco e impaciente con sus hijos. Cuando me dijo esto, se dio cuenta de que su problema no era que sus hijos lo impacientaran sino el temor al rechazo por parte de la visita si sus hijos no se comportaban de acuerdo con las normas que se les habían establecido. ¿De dónde salió este temor? De sus propias experiencias de rechazo.

Marta me contó que tenía la costumbre de contradecir a Andrés, su esposo, cuando él le decía un cumplido. A Marta le costaba aceptar declaraciones positivas sobre su persona. Esto era muy frustrante para Andrés. En cierta oportunidad, mientras contradecía a su esposo, comenzó a recordar un comentario que sus padres le repetían de niña. Le decían que no creyera las declaraciones positivas que otras personas dijeran acerca de ella porque, seguramente, esas personas intentaban usarla de alguna manera. También le decían que, de cualquier modo, ninguna de esas declaraciones era cierta porque Marta no tenía nada que ofrecer. Esos recuerdos dolorosos bloquearon su capacidad de aceptar el amor y el cuidado de su marido.

Cuando Juan hablaba con su esposa, alzaba su voz y se enojaba si ella miraba hacia otro lado o desviaba su vista por cualquier motivo. Pero Juan no podía entender por qué aquel hecho insignificante lo ponía furioso. Un día, durante una reunión de oración, recordó que su madre rara vez lo escuchaba y que tenía la costumbre de salir de la habitación mientras él todavía estaba hablando. El temor de no ser escuchado por su esposa provino de su experiencia con su madre. A través de la oración y de las charlas acerca del tema con su esposa, pudo poner en perspectiva esas experiencias y recuerdos.

Quizá ya seamos conscientes de algún recuerdo importante y de cómo nos afecta, pero a veces puede ser necesario indagar en nuestra memoria para encontrar un recuerdo de este tipo. A menudo, los psicólogos y consejeros juegan un papel decisivo en la tarea de ayudar a las personas a descubrir recuerdos dolorosos. Pero, si usted es cristiano, puede acudir a otra fuente de ayuda. Puede llamar al Espíritu Santo para que lo ayude a recordar experiencias que necesitan ser sanadas. Busque un momento tranquilo para orar y pídale al Espíritu Santo que le revele la situación que creó el recuerdo. Puede ser que él lo ayude a recordar el incidente o quizá le muestre cómo fue que usted respondió frente al suceso.

Mientras hace su pedido en oración, es necesario que usted se siente en silencio, dejando que sus pensamientos fluyan libremente hasta llegar a su conciencia. No debe *forzar* sus pensamientos; relájese y deje que el Espíritu Santo trabaje en usted. Para descubrir situaciones del pasado que correspondan a reacciones actuales, también podría resultar útil hablar con alguna persona que lo haya conocido de niño para preguntarle si las cosas ocurrieron realmente tal como usted las recuerda.

El Espíritu Santo podría revelarle un patrón en

su comportamiento a través de muchas personas. Al seguir el rastro de este patrón, usted puede descubrir su origen. Pero tenga en cuenta que este origen no se busca para tener a quién echar las culpas. ¿Recuerda la historia de *La Piedad* de Miguel Ángel? La tarea de actualizar sus recuerdos tiene el propósito de permitir que el arte maestro del Espíritu Santo corrija los errores.

Cuando se descubre un recuerdo, su primer pedido al Señor debe ser que él le dé fortaleza para agradecerle por ese recuerdo. Aunque pueda ser doloroso, usted necesita ese descubrimiento. En verdad, ¡es una emancipación! Usted está experimentando el primer paso hacia la libertad. Ahora tiene la extraordinaria oportunidad de liberarse del control del pasado.

Pero esta experiencia también puede provocar temor. Afortunadamente, no la atravesamos solos, ya que Dios está con nosotros. Podemos considerar la herida del pasado como algo trágico que puede dejarnos permanente y emocionalmente desvalidos. En otras palabras, podemos elegir entre ser esclavos o ser librados de ello. Pablo dice: "Así que, hermanos, somos deudores, pero no a la carne para que vivamos conforme a la carne" (Rom. 8:12), y "Estad, pues, firmes en la libertad con que Cristo nos hizo libres, y no os pongáis otra vez bajo el yugo de la esclavitud" (Gál. 5:1).

Hay libertad en el Espíritu, y esta libertad viene de Jesús, quien fue a la cruz por nuestros pecados, nuestras emociones y también por nuestros recuerdos. "¿Qué, pues? ¿Pecaremos, porque no estamos bajo la ley, sino bajo la gracia? ¡De ninguna manera!" (Rom. 6:15). Estar vivos para Cristo, completamente vivos, significa estar muertos para nuestros recuerdos del dolor.

Tómeselo con calma y sin apuro

La sanidad del recuerdo puede ser inmediata, pero a menudo es progresiva. Las sanidades internas pueden tomar meses o incluso años. Cuanto mayor sea la cantidad de material enterrado, más lento será el proceso, y esto es saludable. Estamos limitados a confrontar nuestros recuerdos en una medida adecuada a nuestra capacidad emocional. Sufrir todo el dolor de la experiencia en un mismo momento sería intolerable. Sólo podemos tratar las heridas profundas una por una, de modo que recién cuando la primera se esté sanando podemos continuar con la siguiente.

Otro motivo para encarar un recuerdo a la vez es que se necesita desarrollar nuevas maneras de reaccionar y comportarse. Juan, el hombre que se enojaba cuando su esposa miraba hacia otro lado cuando él le hablaba, necesita entender que ella realmente está interesada en lo que él tiene para decir. Entonces podrá reaccionar apropiadamente. Marta, la mujer que contradecía los elogios de su marido, necesita aceptar sus declaraciones como expresiones genuinas de su amor por ella.

Tal como sucede con una criatura, sus primeros pasos pueden ser vacilantes. Intentar hacerlo demasiado rápido o de golpe podría desanimarlo. A medida que establece nuevos pensamientos y conductas, usted cobrará ánimo para confrontar más áreas de su vida. Cuando sea consciente de un recuerdo doloroso, la intensidad del dolor disminuirá día tras día. En poco tiempo, no será más que un recuerdo histórico. Cuanto más esté dispuesto a expresar gratitud y perdón, más pronto desaparecerá el dolor.

La alabanza es sanadora

Me gustaría sugerir otro elemento implicado en el cambio con el que quizás no esté familiarizado. Ese elemento es la alabanza. Alabar a Dios por lo que ha hecho, por lo que es y por lo que hará, nos ayuda a cederle el fuerte control que hemos tenido sobre nuestras vidas.

Es fácil alabar a Dios por lo que *ha hecho*, porque podemos reflexionar y medir los resultados. Tenemos algo tangible, y requiere poco riesgo.

Pero ¿qué respecto del futuro? ¿Qué tan difícil se le hace alabar a Dios por lo que *va a hacer?* Tal alabanza expone su vida a posibilidades que quizás nunca hubiera considerado. Al alabar a Dios por su obra futura, usted no solo asume con valentía el riesgo que ello implica sino que también se hace más consciente de lo que él quiere para usted. Esto puede llegar a provocar cierta incomodidad. Quizá tenga que alabar a Dios en medio de una situación laboral desagradable o una posición financiera dificultosa. Quizá tenga que alabar a Dios a pesar de esa relación extenuante que sobrelleva en su matrimonio o en su vida familiar. Quizás esté perturbado y perplejo por alguna situación. Es exactamente en esos momentos cuando Dios quiere que usted lo alabe.

Cuando parece que no hay respuestas ni soluciones, y se siente frente a una muralla inconmovible, ¿por qué no alabarlo? ¿Qué tiene que perder? A usted ya se le acabaron las respuestas. ¿Por qué no admitirlo y buscar soluciones en otro lado, con una actitud de aceptación? Mientras escribía estas palabras, me vino a la mente esta idea: *¿Por qué no lo hace en este preciso momento?* En la actualidad, estoy enfrentando una crisis en la organización de mi ministerio y, a causa de ella, debo tomar algunas decisiones difíciles. Así que ahora mismo acabo de practicar lo que le estoy sugiriendo. Alabé a Dios por estar conmigo en esta situación, con todas sus dificultades, barreras y encrucijadas. Ahora bien, aunque tengo temor de tomar decisiones incorrectas, estoy esperando en él y estoy experimentando una sensación de paz.

Lloyd Ogilvie tiene un interesante pensamiento en este sentido: "La alabanza consistente durante cierto lapso de tiempo nos prepara para comprender lo que el Señor ha querido revelarnos o ha esperado para darnos en abundancia desde hace tiempo"[4].

Nosotros estamos siempre dispuestos a agradecer a quienes nos han ayudado a salir de un problema o nos ofrecen garantías de que lo harán en un futuro inmediato. Pero poner nuestro futuro en las manos de alguien a quien no podemos ver ni tocar, y decir: "Cualquier cosa que hagas con respecto a este asunto, yo te alabo", no es algo común. Somos personas orientadas a lo que está garantizado, no acostumbramos a asumir riesgos. Nos resistimos, nos rebelamos y protestamos contra la idea de alabar a Dios en toda situación.

Pero piense en ello antes de descartar el consejo de dar gracias a Dios "en todo" (1 Tes. 5:18). Hemos leído y escuchado este pasaje una docena de veces y quizás lo ignoramos. Pero sigue allí, sin borrarse del texto. En ciertas ocasiones —como, por ejemplo, en los momentos de pánico— nos aferramos a él. ¿Pero qué pasaría si este principio de alabanza se convirtiera en algo tan habitual como nuestra comida diaria? ¿Qué nos podría suceder? Vale la pena intentarlo.

Pero antes que nada, considere quién es la persona a la que usted está alabando. ¿Quién es Dios para usted? Para algunos, Dios es un producto de la imaginación del hombre. Para otros, es una deidad de piedra. ¿Quién es su Dios? ¿Qué concepto tiene de Dios? Un concepto apropiado de Dios es básico para orientar la existencia y para vivir una vida cristiana que pretende ser llevada a la práctica.

La mejor definición de Dios que ha durado a través de los años se encuentra en el llamado Catecismo abreviado de Westminster. En respuesta a la pregunta: "¿Quién es Dios?", este catecismo dice: "Dios es un Espíritu, infinito, eterno e inmutable en su esencia, sabiduría, poder, santidad, justicia, bondad y verdad". ¿Por qué fue usted creado? Para conocer a Dios. ¿Qué le puede causar satisfacción, gozo, deleite y paz más que cualquier otra cosa? Conocer a Dios.

Así ha dicho el Señor: "No se alabe el sabio en su sabiduría, ni se alabe el valiente en su valentía, ni se alabe el rico en sus riquezas. Más bien, alábese en esto el que se alabe: en entenderme y conocerme que yo soy el Señor, que hago misericordia, juicio y justicia en la tierra. Porque estas cosas me agradan.

Jeremías 9:23, 24

¿Entiende lo que implica conocer a Dios? James Packer dice que conocer a Dios consiste en:

...escuchar la Palabra de Dios y recibirla tal como la interpreta el Espíritu Santo, aplicándola a uno mismo; segundo, poner atención a la naturaleza y carácter de Dios tal como lo revelan su Palabra y sus obras; tercero, aceptar sus invitaciones, hacer lo que él manda; cuarto, reconocer y regocijarse en el amor que ha mostrado al acercarse a nosotros para tener una comunión divina[5].

Debemos reconocerlo y regocijarnos en él. Por lo tanto, y antes que nada, debemos alabar a Dios como respuesta a su amor, su bondad, su fidelidad y su increíble cuidado de cada uno de nosotros. Si alabamos a Dios, estamos reconociendo su soberanía y su capacidad. Al alabar a Dios, estamos haciendo una transferencia: le damos nuestra confianza y dependencia a él, en lugar de confiar y depender de nuestros propios esfuerzos y habilidades.

Imagine que alguien le envía una carta exhortándolo 20 veces a que usted se regocije, y cuatro de esas veces le insiste en que se regocije *siempre*. Bueno, ese es el tipo de carta que escribió Pablo a la iglesia de Tesalónica. Cuando usted y yo nos regocijamos en el Señor, no lo hacemos porque se nos ocurre sin querer; es un acto de nuestra voluntad, un compromiso. Cuando nos regocijamos en el Señor, comenzamos a ver la vida desde otro punto de vista. La alabanza es nuestro medio para ganar una nueva perspectiva y una nueva guía para nuestras vidas agobiadas. Quizá usted piense que está demasiado ocupado durante el día para detenerse a alabar a Dios. Pero ese es el momento preciso para hacerlo: cuando está demasiado ocupado, fastidiado y abrumado. Deténgase, despeje su mente y alabe a Dios. Se sentirá refrescado.

Alabar a Dios por adelantado, anticipándonos a una respuesta de su parte, es un acto de fe, una manera de decir: "No sé cuál será el resultado de mi problema, pero estoy dispuesto a confiar".

Alabar a Dios aumenta nuestra voluntad y desata nuestra imaginación para que él pueda formar en nosotros la imagen de lo que está tratando de lograr. Una voluntad reacia nos resta creatividad y elimina la audacia de nuestra imaginación. Dios quiere usar nuestra imaginación para crear la imagen de lo que desea que nos atrevamos a esperar. Nos convertimos en lo que prevemos bajo la guía del Espíritu. Por eso, lo que pensamos de nosotros mismos, de otras personas y de nuestras metas y nuestros proyectos necesita la inspiración de nuestra imaginación. Sin embargo, hasta que el Espíritu Santo comience su obra para liberar nuestra imaginación, nuestra voluntad la mantendrá atrofiada e inmadura[6].

La alabanza marca una diferencia porque es un acto de renuncia. Implica dejar que Dios nos ayude a prepararnos para el siguiente paso. No estoy hablando sólo de orar en medio de una crisis, sino del desarrollo de un patrón consistente de alabanza. Alabar significa que agradecemos a Dios porque sabemos que la respuesta llegará, y vamos a esperar por ella. Necesitamos la perspectiva de Dios en cuanto a nuestras vidas y las soluciones que estamos buscando. Esta perspectiva puede llegar por medio de la alabanza.

La alabanza es sanadora de recuerdos dolorosos. El cambio es posible, especialmente para quienes somos nuevas creaciones en Cristo.

A continuación, discutiremos otra ayuda para hacer las paces con el pasado: la capacidad de imaginar.

4

Renunciando a sus resentimientos

U no de los obstáculos más grandes para hacer las paces con su pasado es guardar resentimientos. Un resentimiento es un sentimiento de dolor o enojo, a menudo causado por una experiencia real del pasado, que puede o no continuar en el presente.

Silvia, un ama de casa de 27 años de edad, reveló su resentimiento cuando dijo: "¡Nunca en mi vida me han insultado tanto! ¡Estoy herida! Llamé a mis padres hoy y, una vez más, todo lo que recibí fue crítica y enojo. Aunque sea una sola vez, me gustaría tener una conversación agradable. Estoy cansada de hablarles y terminar herida. Ojalá pudiera hacerlos sentir como yo me siento".

Alberto, un ingeniero de una compañía aeronáutica, echaba chispas: "Estoy muy enojado. ¡Mi jefe no sabe lo que es un cumplido! Nunca reconoce lo que hago y, como si fuera poco, la semana pasada tomó una de mis sugerencias y la hizo suya. ¡Adivina quién se ganó los elogios!".

Catalina, que está casada desde hace un año, me dijo con lágrimas en los ojos: "¡Mi esposo es tan insensible! Creo que no sabe de qué se trata el matrimonio. ¡Sus puntos fuertes son las exigencias y los comentarios groseros! ¡Ya va a ver la próxima vez que necesite que lo atienda!".

Cada una de estas personas ha sido ofendida. Seguramente, esto también le ha sucedido a usted antes y, probablemente, le volverá a suceder. Altercados, diferencias y ofensas ocurren frecuentemente entre individuos, familias, grupos y naciones. Disculpas, debates, armisticios y tratados de paz hacen posible que las naciones se desarrollen sin ser afectadas unas por otras. Pero ¿hay paz realmente? ¿Se resuelven los problemas? ¿Existe paz y armonía o subyace un resentimiento persistente?

Normalmente, las naciones hacen acuerdos para cesar sus hostilidades y matanzas, y firmar tratados de paz. Pero eso no detiene necesariamente las actitudes belicosas. Años después del armisticio de la Primera Guerra Mundial, hirvió el resentimiento y finalmente se inició la Segunda Guerra Mundial.

A pesar de que un gobernante emita un perdón a favor de un prisionero, y que la sociedad reconozca que ha pagado su deuda y que ya no merece más castigo, el resentimiento puede permanecer dentro del prisionero.

Su cónyuge, o cualquier otro ser querido, le puede pedir perdón e incluso puede darle algún regalo para demostrar su sinceridad y sus buenas intenciones; y usted dice: "Oh, está bien. Olvidemos lo sucedido". Pero, por dentro, aún se siente frío e implacable.

Guardar resentimientos no resueltos es otra señal de su niño interior. Durante su pasado, hubo personas o grupos significativos que lo ignoraron, menospreciaron, abandonaron o atacaron de alguna forma. El hecho de que permanezcan en su mente lo limita y fomenta el resentimiento en su interior. Pero también puede haber sucedido que usted, sin saberlo, haya enterrado algunos de estos recuerdos en su subconsciente. Luego, un día cualquiera, se encuentra con una persona o una situación que se parece a la experiencia pasada y uno de estos recuerdos vuelve a su memoria inesperadamente.

Si hay sentimientos heridos y conflictos no resueltos en el subconsciente, estos se mantienen activos. ¿Cómo podemos saber si los resentimientos internos están persistiendo debajo de la superficie de su memoria?

1. Tiene ganas de contestar o increpar a los que tienen autoridad.
2. Se enoja sin motivo aparente u obvio.
3. Se ve envuelto en una lucha de poder con su cónyuge y lo ve como su enemigo.
4. Evita o teme cualquier tipo de contacto con sus padres.
5. Se compara con otros miembros de la familia. Se siente inferior a ellos o compite con ellos.
6. Hace comentarios mordaces o maliciosos hacia los que usted ama.

7. Siente que no lo aprecian o se siente excluido del trabajo o del hogar.

8. Sufre síntomas psicosomáticos que pueden incluir dolores estomacales, dolores de cabeza, dolores de espalda, etc.

9. Su perspectiva de la vida misma es básicamente pesimista o negativa.

10. Le resulta difícil expresar emociones hacia otros, incluso hacia aquellos con los que tiene una relación "cercana".

11. Siente que usted nunca le importó realmente a su familia o que fue maltratado por ellos de alguna forma.

Ahora, el hecho de que tenga alguno de estos síntomas no significa necesariamente que aún sienta resentimiento. Quizás ya resolvió y puso en orden sus sentimientos. ¡Pero hay mucha gente que no lo ha hecho!

¿Quiere dejarlos ir?

El primer paso para renunciar a los resentimientos es estar consciente de ellos e identificarlos. Esto no siempre es fácil de hacer. El segundo paso es perdonarse por lo que usted es ahora y perdonar a las personas significativas de su pasado por lo que hicieron y lo que son.

"Sí, ya lo sé. ¡Sé que debería hacerlo y que sería lo mejor para mí! ¿Pero cómo rayos lo hago? Para ser sincero, ¡hay veces en que creo que parte de mí no quiere abandonar esos resentimientos! Paso de un sentimiento a otro. ¿Qué hago?". Este era el clamor de un hombre que durante años nunca se había sentido libre de vivir su propia vida. Su lucha es similar a la de muchos otros que tienen el mismo dilema interno.

La pregunta que tiene que hacerse es: *¿Quiero dejar mis resentimientos o quiero venganza?* ¿Cuál es su respuesta sincera a esta pregunta? No es posible deshacerse de estos sentimientos si aún está buscando un poquito de venganza.

Lewis Smedes lo describió bien cuando dijo: "Parece que nadie ha nacido con demasiado talento para perdonar. Todos necesitamos aprender a hacerlo desde cero, y el aprendizaje casi siempre nos resulta muy difícil"[1].

Muchos de nosotros vivimos con un pie en el camino de querer perdonar y el otro en el camino de querer vengarnos; y esto hace que nos sintamos paralizados. ¿Por qué no comprometerse de una forma u otra? ¿Por qué dividir nuestra energía? ¿Por qué estar a medias?

Si aquella parte que quiere venganza es más fuerte que la parte que quiere perdonar, ¿entonces cómo va a hacer para vengarse? ¿Sabe la otra persona que usted tiene resentimientos contra ella? ¿Está esa persona consciente de sus ansias de algún tipo de venganza? ¿Ha escrito su plan de venganza, con detalles específicos de lo que planea hacer? ¿Le ha hablado sin rodeos a esa persona acerca de sus sentimientos y su plan específico para vengarse de ella? Si no lo ha hecho, ¿por qué no lo ha hecho? Si lo que quiere es venganza, ¿por qué no llevarla a cabo de una vez para sentirse definitivamente liberado?

Su reacción probablemente sea: "¡Qué idea tan ridícula! ¿Cómo puede sugerir una idea tan radical y no bíblica? Yo no quiero hacer algo así y, aun si quisiera, no podría". ¿De veras? Si eso es cierto, entonces ¿por qué no renuncia completamente a su resentimiento y se enfoca en ser limpiado de todos esos sentimientos?

Si perdona a esa persona significativa de su pasado, quiere decir que usted cambiará su reacción de desconfianza y resentimiento por una reacción de amor. El amor lo liberará para discrepar con lo que dice o hace otra persona sin crear resentimientos. Incluso le dará la libertad de determinar cuánto desea involucrarse en la vida de esa persona. Puede aprender a comunicarse de una manera honesta y no quedar atrapado en viejos patrones. Su cambio de actitud también puede ayudar a cambiar a la otra persona y, si no, la persona dejará de lastimarlo o presionarlo cuando descubra que usted ya no se va a dejar empujar o manipular.

Renunciar a sus resentimientos también implica renunciar a:

1. Tener a quien culpar por los apuros o situaciones en las que usted se encuentra.
2. Compadecerse de sí mismo.
3. Hablar mucho de la otra persona o de su pasado.

Resentimiento significa que usted le ha dado a esa otra persona el control de su estado emocional. Usted ha cambiado la fuente de poder y se lo ha dado a otro. ¿Por qué cederle la fuente de poder a un ser humano? En cambio, entrégueselo a Jesucristo y permítale que él obre en su vida.

Hay un refrán que dice: "lo que usted resiste, persiste". Esto quiere decir que si no está dispuesto a dejar el pasado, especialmente el resentimiento, prepárese para repetir sus conductas. Su disgusto emocional volverá a aparecer de otra forma. Por ejemplo, si la persona con la que está resentido es su padre o su madre, ¿está consciente de que pueden suceder algunas de las siguientes cosas?

1. Su cónyuge, por alguna extraña razón, comienza a parecerse al padre o la madre con quien está resentido.
2. Con el transcurrir del tiempo, usted comienza a actuar como el padre o la madre que nunca quiso ser. Comienza a comportase como ese padre o esa madre, y trata a los demás de la misma manera en que fue tratado.
3. Incluso podría descubrir que está sufriendo algunas de las mismas dolencias o trastornos emocionales que sufrió su padre o su madre.

He visto todas estas características en muchas personas con quienes trabajo en consejería. Luchar contra los recuerdos dolorosos y la amargura consume mucha energía. Debido a este desgaste de energía, la gente tiende a responder en una de dos formas: a causa del temor, vacilan en interactuar con los demás con transparencia e intimidad; o pueden tener tanta sed de amor, afecto y aceptación, que su interacción es *demasiado* abierta. En poco tiempo se encuentra con grandes problemas debido a la desesperación que rodea su búsqueda de aceptación y amor.

Cómo resolver los resentimientos

Hay varias maneras de vencer el resentimiento y liberarse de él. En mi consejería, uso un método que incorpora algunas de las mejores técnicas practicadas en la actualidad por los terapeutas[2]. Estas sugerencias pueden ser efectivas, aunque la persona contra la que siente resentimientos todavía esté viva o haya muerto. Comience completando los siguientes pasos por escrito.

Primero, haga una lista de todos los sentimientos negativos que tenga en contra de alguna persona en particular. Enumere cada herida o dolor que recuerde con el mayor detalle posible. Escriba exactamente lo que sucedió, cómo se sintió entonces y cómo se siente ahora.

Un cliente compartió conmigo la siguiente lista de resentimientos:

Me siento herido por los comentarios sarcásticos que hiciste acerca de mí delante de otros.
Estoy resentido porque se te hizo difícil darme tu aprobación.
Me duele que no me escuches.

Otro cliente me compartió lo siguiente:

Odio el hecho de que me llamaste "basura" y me trataste de esa manera.

70

Me causa resentimiento el hecho de que salieras
con otros a espaldas de mi papá y me hicieras
guardar ese secreto.

Me siento ofendido por la manera en que
trataste de usarme para tu propio provecho.

No puedo soportar la manipulación de mi vida
aun hasta el día de hoy.

Me duele que no me ames por lo que soy.

Me siento indignado por el hecho de que estoy
arruinando mi vida por querer probarte que no
sirvo para nada, tal como te lo dije.

Estoy resentido contigo y con todas las mujeres.

Por favor, esté consciente de que puede experimentar un considerable trastorno emocional al hacer su lista. Otros sentimientos viejos y enterrados pueden salir a la luz en ese instante, y usted se puede sentir inesperadamente disgustado. Antes y durante el tiempo que esté escribiendo, pídale a Dios que le revele los recuerdos profundos y escondidos para que su recipiente interno pueda ser vaciado. Agradézcale el hecho de que usted pueda enfrentar y expulsar estos sentimientos. Visualice a Jesucristo en su habitación, sonriendo y dándole su aprobación. Él le está diciendo: "Quiero que quedes limpio y libre. Ya no tienes que estar rengueando, ni permanecer ciego o sordo debido a lo que te sucedió".

No le muestre su lista a nadie.

Segundo, después de escribir todos los resentimientos posibles, deténgase y descanse. Al hacer esto, quizá vengan a su memoria otros recuerdos que también necesite compartir.

Tercero, al terminar de escribir, vaya a una habitación con dos sillas. Imagínese que la otra persona está sentada en una de ellas, escuchando atentamente. Tómese su tiempo, mire la silla como si la persona estuviera allí y comience a leer su lista. Al principio, puede sentirse un poco raro y hasta avergonzado. Pero esos sentimientos pasarán. Quizás sienta la necesidad de ampliar lo que ha escrito mientras comparte su lista. Hágalo.

Luego de haber leído su lista de quejas, siéntese y relájese. Imagine que la persona con quien usted habla le está diciendo: "Quiero escuchar lo que tienes para compartir conmigo y lo aceptaré. Por favor, prosigue y dime. Necesito escuchar lo que tienes que decir".

Imagínese a esa persona escuchándolo, asintiendo en gesto de aceptación y comprendiendo sus sentimientos. Quizás usted se sienta muy tenso, enojado, deprimido o ansioso. Comparta con esa persona imaginaria cómo se siente. Y recuerde que no sólo le está compartiendo sus sentimientos presentes y pasados a la otra persona; también Jesús está allí, dándole también su permiso para hablar. Quizá pueda compartir y hablar de un solo resentimiento a la vez. Si se encuentra emocionalmente agotado, entonces es importante detenerse, descansar y relajarse. Después de que haya hecho esto, puede continuar con sus tareas normales del día. Continúe compartiendo su lista de resentimientos en otra ocasión.

Finalmente, antes de terminar de compartir lo que tenga para decir, cierre sus ojos y visualícese junto a la otra persona y a Jesús, los tres de pie, juntos, cada uno con las manos encima del hombro del otro. Pase varios minutos visualizando esta imagen. Quizás desee imaginar que la persona con quien está resentido acepta verbalmente lo que usted le ha dicho.

Una vez que haya completado estos pasos, quizás se dé cuenta de que tiene que repetirlos varias veces, durante varias semanas, hasta que el pasado sea simplemente un recuerdo histórico. Si hay más de una persona involucrada en su conflicto, necesitará completar estos pasos con cada una de ellas.

Otro método útil es escribir una carta a la persona con la que está resentido. Asegúrese de no darle esta carta al individuo que tiene en mente. Para algunas personas, compartir sus sentimientos por escrito puede ser más útil que hacerlo verbalmente.

Empiece su carta como lo haría con cualquier otra. Escriba la fecha y el nombre de la persona. Esto no es un ejercicio de estilo, ni de puntuación apropiada. Usted simplemente está identificando, expresando y vaciando sus sentimientos. Quizá le resulte difícil al principio, pero cuando comience a hacerlo, sentirá el fluir de las palabras. ¡No los retenga! Deje que salgan todos los sentimientos que han estado revolviéndose por dentro. Este no es el momento de evaluar si los sentimientos son buenos o malos, correctos o equivocados. Están allí y necesitan vaciarse. Una vez que haya terminado la carta, puede que necesite descansar de esta experiencia.

Cuando trabajo con pacientes en terapia, les digo que escriban esta carta para que la traigan la siguiente sesión. A menudo me entregan la carta cuando entran en la oficina. "No", digo, "quiero que se quede con la carta; la usaremos en unos minutos". En el momento apropiado, les pido que la lean en voz alta. En mi consultorio hay una silla vacía, así que les pido que se imaginen que la persona a quien le han escrito está sentada en la otra silla, escuchando la lectura de la carta.

Recuerdo a una mujer que escribió una carta larga y se sorprendió cuando le pedí que la leyera en mi presencia. Era una carta para su madre. Durante los primeros 15 minutos, la mujer lloró intensamente. Pero en los últimos cinco minutos, cesó de llorar y concluyó su lectura con un tono positivo en su voz. A través de esta experiencia, los problemas de su pasado definitivamente habían cambiado.

He descubierto que es importante compartir esta carta con alguna persona de mucha confianza. Puede ser un amigo, el cónyuge o un familiar. La persona debe ser alguien que escuche y sea de apoyo, que no juzgue ni traicione su confianza. Siéntese frente a esta persona y comparta la lectura de su carta. Quizás quiera usar este método también con su lista de resentimientos, pero, en ese caso, hágalo después de haber compartido la lista como se recomendó anteriormente.

La otra persona puede hacer comentarios, pero tienen que ser de apoyo y aliento. La persona con quien comparte su lectura no está allí para consolarlo ni para ser comprensivo, sino que está *por* usted. La experiencia de compartir esto en presencia de una persona bondadosa puede ser muy curativa. Asegúrese de agradecerle por escuchar.

Responda positivamente

Hay un último paso que es una parte muy necesaria del proceso. No sólo es importante liberarse del resentimiento, también es esencial que usted proyecte una respuesta positiva hacia el individuo que le causó el mal. Esta respuesta positiva puede ser amor, aceptación, simpatía o cualquier otra actitud positiva. Un estado de neutralidad, sin sentimientos negativos o positivos, es imposible. He entrevistado a una cantidad de personas que afirman que no sienten nada. Dicen que sus sentimientos no son ni positivos ni negativos. Se sienten indiferentes, pero, en realidad, han desarrollado un estado de aislamiento emocional hacia la otra persona. Y ese aislamiento, generalmente, es síntoma de algún tipo de bloqueo.

Este último paso es un medio para encontrar cualquier resistencia ante la posibilidad de dar algún tipo de respuesta positiva. Es una manera de eliminar el último bastión de resentimiento

Tome una hoja en blanco. Escriba el nombre de la persona con la que está resentido en la parte superior de la página. Luego inicie una carta que diga: "Estimado..." y escriba luego el nombre de la persona nuevamente.

Debajo del saludo, escriba: "Te perdono por..." y complete la oración con todo lo que le ha molestado durante todos estos años. Por ejemplo, alguien podría escribir: "Querida mamá, te perdono por haber tratado de controlar mi vida".

Después, deténgase para captar lo que venga a su mente apenas haya escrito el motivo por el cual está perdonando a la otra persona. ¿Contradice ese pensamiento la idea de un perdón completo? ¿Mantiene aún reclamos de algún tipo? ¿Siente enojo, dudas o desagrado por el acto de perdonar? Escriba estos pensamientos contradictorios inmediatamente debajo de su declaración de perdón. No se desanime si sus reclamos son tan vehementes que parecen contradecir su deseo de perdonar. *Continúe el ejercicio* y escriba nuevamente la declaración que dice "Te perdono por..." seguida otra vez de sus pensamientos inmediatos, aunque sigan siendo contradictorios.

Repita este proceso hasta que los focos de resentimiento y resistencia se hayan vaciado. Usted sabrá que ha llegado a ese punto cuando pueda escribir su declaración sin que aparezcan en su mente pensamientos contradictorios o cargados de resentimiento.

Algunas personas terminan este ejercicio con pocas respuestas contradictorias. Otros cargan con mucho resentimiento y necesitan escribir varias páginas. A continuación, vea un ejemplo de cómo un joven trató con los resentimientos hacia su padre a causa del enojo y el rechazo con que lo trató durante sus años de crecimiento. Note cómo sus protestas y contradicciones se vuelven progresivamente menos intensas y su resentimiento se disipa hasta el punto en que puede decir simplemente: "Te perdono por tu enojo hacia mí y por haberme rechazado".

Querido papá:
Te perdono por tu enojo hacia mí y por haberme rechazado.

(Creo que realmente aún no lo he hecho).

Te perdono por tu enojo hacia mí y por haberme rechazado.

(Aún no siento tu amor y tu aceptación).

Te perdono por tu enojo hacia mí y por haberme rechazado.

(Ojalá fueras amigable cuando te llamo).

Te perdono por tu enojo hacia mí y por haberme rechazado.

(Me gustaría hacerlo, creo).

Te perdono por tu enojo hacia mí y por haberme rechazado.

(Ojalá fueras diferente. ¿Cómo ha podido mamá tratar contigo todos estos años?).

Te perdono por tu enojo hacia mí y por haberme rechazado.

(Tengo miedo de tratar de establecer una mejor relación contigo).

Te perdono por tu enojo hacia mí y por haberme rechazado.

(Tengo sentimientos de amor por ti, pero no quiero ser rechazado si te lo digo).

Te perdono por tu enojo hacia mí y por haberme rechazado.

(Me siento menos resentido ahora que hago esto).

Te perdono por tu enojo hacia mí y por haberme rechazado.

(Estoy cansado de protegerme de ti y del dolor que siento cuando lo intento).

Te perdono por tu enojo hacia mí y por haberme rechazado.

(Me pregunto qué te sucedió cuando yo estaba creciendo; qué fue lo que hizo que fueras así. Ojalá

me lo dijeras. Creo que nunca te lo pregunté. ¿Me harías el favor de decírmelo?).

Te perdono por tu enojo hacia mí y por haberme rechazado.

(Creo que estoy aprendiendo a hacerlo).

Te perdono por tu enojo hacia mí y por haberme rechazado.

Después de haber completado su propia versión de este ejercicio, siéntese en una de las dos sillas que describí anteriormente. Visualice a la persona con la que está resentido sentada frente a usted, aceptando su perdón. Tómese todo el tiempo que necesite para este paso porque es muy importante. Después, destruya su lista de declaraciones. Es importante que no le muestre esta lista a nadie. Quémela o rómpala en pedacitos como símbolo de que "...las cosas viejas pasaron; he aquí todas son hechas nuevas" (2 Cor. 5:17).

Respondiendo a sus padres de una manera infantil

A veces, nuestras propias emociones honestas nos asustan. Quizás usted se sienta atemorizado cuando libera sus sentimientos; y, por supuesto, por ahí está ese viejo recordatorio llamado culpa. Cuando existe dolor y frustración entre usted y sus padres, algunos de estos sentimientos radicales estallan. Tal vez haya llegado a desear que sus padres nunca hubieran existido. ¿Quién necesita tanto dolor? Quizá sienta que si sus padres no fueran sus padres, probablemente no querría saber nada de ellos. Jamás los hubiera elegido como amigos ni se hubiera asociado con ellos. Quizá ya no quiera saber nada de ellos; y quizás, de vez en cuando, usted toma esta decisión y luego la rompe.

Pero quizás haya una mejor manera de despegarse del pasado. Una manera positiva.

Es un duro trabajo abandonar un modelo que se ha ido formando durante años, "pero hasta que el modelo sea reemplazado por un modelo compasivo, usted se quedará atascado"[3].

Su tarea más importante y más difícil es dejar de responder de la forma que lo hizo cuando era un niño. Sería ideal que su padre o su madre aprendiera a hacer lo mismo para con usted, pero usted es responsable de sus reacciones y sus padres son responsables de las suyas. ¿Cómo se deja de responder de manera infantil? Descubra cuándo está volviendo a usar viejos patrones de respuesta con su padre o su madre, y desactive esa vieja grabación. No vea a sus padres como personas malas o malvadas por la manera en que reaccionaban contra usted. El propósito no es tratar de establecer un culpable.

Tal vez se pregunte por qué tiene tanta dificultad para perdonar a otra persona. Usted es lo que es hoy en día a causa de sus experiencias tempranas. Usted es una combinacion de sus recuerdos y sus circunstancias presentes. Las tendencias del resentimiento, generalmente, tienen sus raíces en recuerdos del pasado, algunos olvidados y otros conscientes. Muchas de las experiencias de su niñez afectarán la facilidad o dificultad que tenga para perdonar.

Repasemos por un momento la historia de nuestros primeros años.

Un niño pequeño es totalmente dependiente de su madre para sobrevivir física y emocionalmente. Generalmente, la madre del niño transmite amor y seguridad por medio del tacto, el alimento, el calor y otras formas de relación directa. A través de esto, el niño aprende a confiar en los demás. Cuando el niño llora y se siente frustrado, disgustado y descontento, la madre es amorosa y fiel. Esto desarrolla un sentido de confianza en el niño.

Pero si los llantos del niño son ignorados o se contestan con irritación, el niño aprende que no puede confiar en su madre ni en los demás. El niño comienza a percibir lo que significa sentirse abandonado y poco apreciado, pero no entiende por qué le pasa todo eso. Lo que sí aprende es que el mundo es poco amoroso y poco grato. Esta forma de iniciarse en la vida hace que el niño comience a desconfiar de los demás. Desde muy temprano, aprende que no se puede depender de nadie.

Sentirse abandonado y poco apreciado genera un bajo nivel de tolerancia frente a la frustración. Cuando no se responde a sus necesidades, el niño puede enojarse y frustrarse con mucha facilidad. De adulto, esto puede ser causa de una predisposición a la depresión. Es tierra fértil para fuertes sentimientos de hostilidad y resentimiento, y es el primer paso hacia la dificultad para perdonar a los demás. Un niño quizás no entienda por qué sus sentimientos son tan intensos, pero sí comienza a fijar la idea de que los demás no lo quieren. Sus propios resentimientos y frustraciones le impiden perdonar a otros.

¿Alguna vez ha considerado el precio que paga cuando se aliena de sus padres? Una relación incompleta y tensa es muy cara, pero ¿qué tan frecuente hacemos un balance para descubrir nuestras pérdidas?

En cambio, aprendemos a usar una armadura protectora que atenúe los sentimientos reincidentes de dolor y rechazo. Nuestras defensas, no obstante, no eliminan esos sentimientos, puesto que siguen activos dentro de nosotros. Podemos amar a nuestros padres, pero también puede que no los soportemos.

¿Cuál es su relación con sus padres? ¿Qué siente por ellos? ¿Qué revelan sus respuestas a las siguientes preguntas?

1. ¿Hay cosas de su niñez de las que se arrepiente o que le producen resentimiento? Si es así, ¿cuáles son?
2. Cuando está con sus padres, ¿se siente relajado y la pasa bien?
3. ¿Se enoja a causa de algún resentimiento o dolor no resuelto del pasado?
4. ¿Se confía a sus padres y confía en ellos?
5. ¿Necesita perdonar algo que sus padres hicieron en el pasado? Si es así, ¿qué fue? ¿Puede perdonarlos sin tratar de cambiarlos?
6. ¿Cómo se siente al tener que cuidar a sus padres en tanto envejecen?
7. Describa el tipo de amor y aceptación que usted siente de parte de sus padres. ¿Qué hacen ellos específicamente para indicarle que lo aman y lo aceptan? Si usted siente que no

lo quieren o se siente rechazado por ellos, ¿en qué se basa para afirmar esto?

8. Si sus padres ya han fallecido, ¿conserva todavía resentimientos para con ellos?

A medida que escucha los mensajes internos que ha cargado en su mente desde su niñez, piense cuáles son aquellos que le gustaría cambiar. Escriba en una hoja sus respuestas a las siguientes preguntas.

1. ¿Por qué estoy obedeciendo a esta voz o compulsión interior?
2. ¿Tiene sentido que reaccione de esta manera? ¿Es realmente lógico o saludable? ¿Es simplemente una respuesta automática adquirida hace mucho tiempo?
3. ¿Cuáles son las consecuencias de continuar reaccionando así?
4. ¿Cuáles son las consecuencias de no continuar reaccionando así?
5. Si hago un cambio en este momento, ¿alguien saldrá lastimado? ¿Por qué?
6. Hacer un cambio, ¿mejorará o empeorará mi vida?
7. ¿Cuál sería el motivo para un cambio? ¿La venganza, la rebelión o la convicción de que es lo mejor?
8. ¿Habrá alguien que desapruebe este cambio? ¿Puedo enfrentar sus reacciones? ¿Es mi propia desaprobación o la de otros lo que más me preocupa? ¿Qué puedo hacer para aceptar este cambio?

9. ¿He invitado a Dios a participar en esta decisión de cambiar? ¿Cómo puedo pedir su ayuda para convertir el cambio en una realidad?

Sus ataduras emocionales del pasado pueden estar dirigidas hacia una persona o hacia algún mensaje interno muy arraigado. Es más fácil sentirse emocionalmente libre si nuestros padres nos alentaron a crecer rumbo a la independencia. Si usted tuvo padres que querían que permaneciera débil, dependiente y falto de iniciativa, probablemente estaban respondiendo hacia usted sobre la base del niño interior de ellos. Quizá usted esté más atado de lo que piensa; y, probablemente, esta atadura emocional le ofrezca cierta seguridad, porque aunque es perjudicial, la situación se vuelve familiar. Soltarse puede generar miedo. En realidad, si todavía no se ha establecido una nueva fuente de seguridad, soltarse puede ser arriesgado. Pero soltarse es parte del desarrollo.

¿Es usted aún emocionalmente dependiente? Conteste estas preguntas para descubrir si es así.

1. ¿Vive aún con sus padres? Si es así, ¿por qué?
2. ¿Vive aún cerca de ellos? Si es así, ¿por qué?
3. ¿Qué piensa acerca de la frecuencia con la que mantiene contacto con sus padres? ¿De qué manera se desarrolla principalmente este contacto? ¿Por teléfono? ¿Por carta? ¿Personalmente?
4. ¿Cómo se sentiría si tuviera menos contacto con ellos?

5. ¿Los incluye en su vida tanto como quiere, más de lo que quisiera o menos de lo que quisiera?

6. ¿De qué manera se ha convertido en un padre para ellos? ¿Qué hace por ellos que antes ellos solían hacer por sí mismos? ¿Cómo se llegó a esa situación? ¿Cómo se siente respecto de esto?

7. ¿Se ha rehusado a ser más independiente? ¿Cuáles son los riesgos de la independencia?

8. Si usted hace algo que va en contra de los deseos de sus padres, ¿qué sucede?

9. ¿Qué es lo que sus padres esperan de usted a esta altura de su vida? ¿Cómo lo sabe?

10. ¿Qué pasaría si eligiera no estar con sus padres en una fecha familiar importante? ¿Qué sentirían y dirían ellos? ¿Cómo se sentiría usted?

11. ¿Qué hace usted para ganarse su aprobación? ¿Cómo se siente cuando recibe su desaprobación?[4].

El precio de hacer la paz

Los sentimientos encontrados que tenga hacia sus padres pueden afectar su salud, su trabajo y, especialmente, su matrimonio. Muchos matrimonios se deterioran y se destruyen debido a heridas y rechazos que no se han resuelto en uno o ambos cónyuges hacia sus padres.

Pero también hay riesgo en hacer la paz. ¿Qué debería dejar para hacer las paces con su pasado?

¿Ha calculado el costo o los beneficios? Quizás necesite dejar el enojo, sus resentimientos, su necesidad de castigar, su necesidad de culpar.

Quizás necesite aceptar que el amor, la aprobación y la aceptación siempre han estado presentes. Quizás necesite aceptar el hecho de que el amor, la aprobación y la aceptación no estuvieron ni estarán presentes jamás.

Muchos de nosotros pasamos la vida sin que nuestros padres satisfagan nuestras necesidades de aprobación, aceptación o reconocimiento; y nunca lo harán. Ninguna otra persona puede compensar en unos cuantos días o meses lo que sentimos que nos faltó durante muchos años. Seguir tratando de cumplir con las expectativas de los padres o reclamar en contra de su falta de amor es inútil. La solución es llegar a un punto en el que podamos decir: "Acepto que esto haya ocurrido. Fue doloroso, pero puedo seguir con mi vida sin la influencia del pasado. Acepto que ellos sean como son y que yo pueda llegar a ser quien soy según mis propias posibilidades".

Joyce Landorf ha escrito *Irregular People*, uno de los libros más perspicaces de nuestro tiempo sobre este tema. Una "persona irregular" es una persona muy importante para nosotros, quizás un hermano o un padre, que está emocionalmente ciega para con nosotros y no puede darnos lo que sentimos que necesitamos de ella. La persona irregular continúa hiriéndonos, reforzando algunos de los mensajes negativos que ya hemos incorporado en nuestras vidas. La afirmación que queremos no llegará.

En su libro, Joyce comparte una carta que recibió del doctor James Dobson referente a la persona irregular de la propia Joyce. Él escribe:

Joyce, estoy cada vez más convencido de que gran parte de nuestro esfuerzo en la edad adulta se invierte en la búsqueda de aquello que es *inalcanzable* en la niñez.

Cuanto más doloroso es el vacío inicial, estamos más motivados a llenarlo posteriormente en la vida. Tu persona irregular nunca satisfizo las necesidades que debió haber satisfecho anteriormente en tu vida, y creo que aún estás esperando que él se convierta milagrosamente en lo que nunca ha sido. Por lo tanto, él constantemente te decepciona, te lastima y te rechaza.

Creo que serás menos vulnerable al dolor cuando aceptes el hecho de que él no puede, ni jamás podrá, proveer el amor, empatía e interés que debería. No es fácil aislarse de esta manera... pero lastima menos no esperar nada que esperar en vano.

Sospecho que las experiencias infantiles de tu persona irregular explican sus peculiaridades emocionales y quizás revelan su propio impedimento. Si fuera ciego, lo amarías a pesar de su falta de vista. En cierto sentido, él es emocionalmente "ciego". Está ciego a tus necesidades. No es consciente de las heridas que surgieron de los incidentes; no es consciente del desinterés en tus logros y ahora no es consciente del matrimonio de Rick. Su impedimento hace imposible que perciba tus sentimientos. Si puedes aceptarlo como un hombre con un impedimento permanente, uno que probablemente fue causado cuando *él* fue vulnerable, te protegerás del punzón de su rechazo[5].

Aquí está parte de la respuesta para liberarnos y no convertirnos en una persona irregular para otro.

El primer paso es aceptar a esta persona tal como es sin esperar que la persona cambie.

Segundo, recuerde que esta persona probablemente ha experimentado el mismo trato negativo en algún momento de su vida. Usted tiene ahora la oportunidad de romper el ciclo. La Biblia dice: "No os acordéis de las cosas pasadas; ni consideréis las cosas antiguas. He aquí que yo hago una cosa nueva; pronto surgirá. ¿No la conoceréis? Otra vez os haré un camino en el desierto y ríos en sequedal" (Isa. 43:18, 19).

Lloyd Ogilvie sugiere:

> La señal segura de que tenemos una relación auténtica con Dios es que creemos más en el futuro que en el pasado. El pasado no puede ser ni una fuente de confianza ni una fuente de condenación. Dios gentilmente dividió nuestra vida en días y años para que podamos dejar los ayeres y anticipar nuestros mañanas. Para nuestros errores del pasado, ofrece perdón y la habilidad de olvidar. Para nuestros mañanas, nos da el regalo de la expectativa y el entusiasmo[6].

Uno de nuestros problemas es que tenemos mejor memoria que Dios. Nos aferramos a nuestras heridas y las cuidamos, lo cual hace que experimentemos dificultades con los demás. En realidad, cuando nos rehusamos a perdonar a otros o a nosotros mismos, nos ponemos por encima de Dios. Cuando no perdonamos, se fractura no sólo nuestra relación con otras personas sino también con Dios.

¿Es justo atascarse con un pasado doloroso? ¿Es justo que la misma vieja herida nos lastime una y otra vez? La venganza es una cinta de video proyectada una y otra vez en su alma que actualiza constantemente las imágenes dolorosas dentro de su cabeza. Lo atrae y lo obliga a ver las repeticiones; y cada vez que repite las imágenes, usted siente que el dolor surge nuevamente. ¿Es justo?

El perdón apaga el video de los recuerdos dolorosos. El perdón lo deja libre. El perdón es la única manera de detener el ciclo de dolor injusto que activa su memoria[7].

¿Puede perdonar a sus padres por lo que son, por lo que han hecho y por los mensajes que le dieron? Esto significa perdonar hasta el punto en que usted ya no permite que lo sucedido en el pasado influya en su presente. Sólo haciendo esto usted puede ser libre; libre para desarrollarse, para vivir la vida, para comunicarse de una nueva manera, para amarse a sí mismo y a su cónyuge.

Lloyd Ogilvie hace la pregunta:

¿Quién es tu carga? ¿A quién llevas emocionalmente en la memoria o en la conciencia? ¿Quién produce en ti reacciones de culpa, temor, frustraciones o enojo? Esa persona le pertenece a Dios. Él también está cargando con ella, ¡para que lo sepas! ¿No es tiempo de quitarse el peso de encima, enfrentar las dinámicas no resueltas de la relación, perdonar y olvidar?[8].

Quizás la definición de la palabra *olvidar* puede traer luz a la actitud y respuesta que usted puede elegir. Según distintos diccionarios, olvidar quiere decir: "soltar el recuerdo, tratar sin atención o con indiferencia, ignorar intencionalmente, pasar por alto, cesar de recordar o notar, no estar consciente de algo en el momento apropiado". ¿Hay alguien cerca de usted que está sufriendo de desnutrición emocional debido al resentimiento y la falta de perdón?

No perdonar significa causarnos tormento interno a nosotros mismos. Cuando reforzamos los mensajes negativos de nuestros padres, nos volvemos miserables e inefectivos. Perdón es decir: "Está bien, ya se acabó. Ya no estoy resentido contigo ni te veo como un enemigo. Te amo, aun cuando no puedas corresponder a mi amor".

Cuando usted perdona a alguien por haberlo lastimado, usted lleva a cabo una cirugía espiritual dentro de su alma; quita el mal que se le ha hecho para que pueda ver a su "enemigo" a través de los ojos mágicos que pueden sanar su alma. Separe a esa persona de la herida y deje que se vaya el resentimiento, de la misma manera que los niños abren sus manos y dejan que se vaya una mariposa atrapada.

Luego invite a esa persona a que regrese a su mente de una manera nueva, como si se hubiera borrado un aspecto de la historia entre ustedes. Entonces, el dominio sobre su memoria se habrá roto. Dirija en la dirección opuesta el aparente fluir irreversible del dolor que tiene por dentro[9].

Podemos perdonar porque Dios nos ha perdonado. Nos ha dado un hermoso modelo de perdón. Dejar que el perdón de Dios penetre en nuestras vidas y nos renueve es el primer paso hacia la integridad.

5

Haciendo frente al rechazo

Antes de hacer las paces con su pasado, usted tiene que hacerle frente al rechazo. Cuando hablamos de rechazo, nos referimos al hecho de sentir que no somos amados o queridos por otra persona. Usted se siente marginado, aislado y, frecuentemente, solitario. Se siente desconectado, como una isla que no tiene una superficie que se conecta con la tierra firme.

Es difícil sentirse como en su casa en el mundo si nunca se ha sentido como en su casa en su propio hogar. Si usted fue rechazado como niño, tiene un impedimento emocional extremo; usted es, en efecto, una persona "que no tiene patria".

Quizás se vea a sí mismo como un forajido, inaceptable frente a sí mismo y frente a los demás. Su desprecio frente a sí mismo es amargo y usted siente, casi automáticamente, amargura hacia los demás, lo cual, con frecuencia, lo conduce a distorsionar las actitudes de los demás[1].

¿Se siente a veces como un forajido huyendo de los cazadores de recompensas? ¿Quién es el que lo persigue? ¿Son otras personas? ¿O es usted quien se persigue a sí mismo? ¿Son aquellos que le dieron la espalda? ¿O es usted el que se da un portazo en su propia cara?

Cuanto más importante sea para usted la persona que lo rechazó, más intenso es el sentimiento. El rechazo puede ser ocasional o constante. Mucha gente crece con la creencia de que la aceptación y el afecto se obtienen pagando un precio; no son regalos, sino cosas que uno tiene que ganarse logrando algo, alcanzando una meta o aceptando una serie de prohibiciones.

Conocí a un hombre quien, durante su niñez, nunca se sintió libre de hacer ninguna clase de ruido en su casa ni de interrumpir a sus padres. El ruido estaba terminantemente prohibido. Cuando llegaban sus amigos y hablaban en voz alta o hacían ruido en presencia de sus padres, él se avergonzaba. Actualmente, como adulto, rara vez tiene paz o se siente relajado. Está constantemente con los nervios de punta. De niño, este hombre interpretó que aquella restricción significaba que sus padres no lo apreciaban. También recuerda que sentía que nunca era lo suficientemente "bueno" para ellos. Aunque quizás realmente no haya sido rechazado por sus padres, él se sintió así.

El rechazo promueve la idea de que no vale la pena tener una relación con usted y que ni siquiera vale la pena conocerlo. El verdadero rechazo es raro. Lo que usted percibe como rechazo puede ser una simple negligencia o respuestas negativas como el enojo o la ira. El verdadero rechazo significa que usted no es aceptado en absoluto; a la persona se la rechaza tratándola como si fuera una carga atada al cuello de sus padres o de otra persona. Un niño verdaderamente rechazado puede ser lastimado por quien lo rechaza, e incluso puede ser entregado a otra persona y, por supuesto, esto sí sucede. Pero generalmente el rechazo adopta formas más sutiles.

Aunque el rechazo sea mínimo, nos duele y nos amarga. El dolor permanece en nosotros y nos hace mucho más sensibles a los rechazos verdaderos o aparentes. Cuando alguien se vuelve sensible, muchas veces interpreta equivocadamente las reacciones de otras personas como si se tratara de rechazo. Esa persona está siempre predispuesta a suponer desde un principio lo peor y sospecha de cada reacción. Le resulta difícil ser abierta con los demás, puesto que mostrar sus verdaderos sentimientos puede conducir al sufrimiento de otro rechazo doloroso.

También tendemos a rechazarnos a nosotros mismos si sentimos que fuimos rechazados por alguien que quisimos. Nos consideramos culpables y terminamos criticándonos y desaprobándonos más que nuestros padres. ¿Se levanta el ánimo usted mismo o se hace comentarios desaprobadores? ¿Es usted su peor crítico? ¿Alguna vez se dice: "Eres demasiado sensible", "No tendrás éxito", "No mereces que te amen"? Si se hace estas preguntas, tal vez usted se esté rechazando a sí mismo. ¿Qué clase de "padre" es usted para sí mismo?

Parte de su lucha interna, no obstante, puede

estar enfocada en algunas preguntas que no han sido respondidas. Quizá se sienta culpable o responsable del rechazo de sus padres. Una pobre valoración de sí mismo puede conducirlo a una continua sospecha respecto del posible rechazo de parte de los demás. ¿Qué podrían ver otros en usted? ¿Por qué querrían involucrarse con usted? De ser así, quizás haya desarrollado una armadura de protección, al estilo de un puercoespín, para prevenirse contra la participación de otras personas en su vida.

Si usted fue rechazado de niño, más que un sentimiento de amor, puede haber sentido una gran confusión. Usted vio que otros padres daban amor y aceptación a sus hijos. ¿Por qué entonces usted no recibió amor como ellos?

¿Por qué son rechazados los niños?

El rechazo de los padres hacia los hijos en nuestra sociedad es más común de lo que pueda parecer. ¿Cuáles son los motivos? ¿Rechazan las madres y los padres a sus hijos por las mismas razones? Muchos están influidos por la prevaleciente actitud de nuestra sociedad. Somos criaturas de nuestra época y de nuestra cultura, como ha observado Alvin Toffler en su libro *Future Shock*. Vivimos en una sociedad en la que todo es descartable. Nuestras relaciones con las personas, los lugares y los objetos tienden a ser temporales y frágiles. Vemos esto en la falta de deseo de parte de las parejas casadas a comprometerse para toda la vida.

¿Por qué rechazan los padres a sus hijos? A algunos, simplemente, no les gustan sus hijos. Sea por su apariencia o por su personalidad; sus hijos, sencillamente, no les gustan. Algunos niños son rechazados por algún defecto aparente, como un bajo coeficiente intelectual o debido a que otro niño que entró al hogar es más atractivo o está mejor dotado. En algunos casos, si la criatura se parece demasiado a un padre que se odia a sí mismo, es fácil que ese padre proyecte esos sentimientos de disgusto sobre el niño. Niños que se parecen a la familia de alguno de los cónyuges pueden recibir la secuela de alguna hostilidad almacenada. Este enojo puede estar dirigido en contra del cónyuge o incluso en contra de los padres del cónyuge. Si la criatura es el resultado de un embarazo inoportuno, entonces podría sufrir rechazo. El niño es visto como una constante interferencia. Desgraciadamente, algunos padres tienen hijos porque no saben cómo no tenerlos. Algunos padres quieren tener una criatura de cierto sexo y rechazan al que nace con el sexo no deseado por ellos.

A veces, un niño puede sentir un intenso grado de afecto de parte de sus padres, o de alguno de ellos, pero después de un tiempo comienza a sufrir rechazo. Gradualmente, el niño puede darse cuenta de que el afecto que está recibiendo no es genuino. Esto suele suceder cuando la criatura sustituye el afecto de uno de los cónyuges. Por ejemplo, una madre que no tiene una buena relación con su esposo puede transferir su afecto a su bebé, porque el bebé no puede rechazarla ni puede rechazar la atención que le da. Además, el bebé le corresponde naturalmente con su aceptación y afecto. Pero a medida que crece, la madre ya no lo considera como un receptor seguro de amor. Él ha dejado de ser un reemplazo seguro de su esposo, así que comienza a quitarle su aceptación y afecto. Para el niño, esto significa que nunca fue amado por lo que es.

Las madres rechazan a sus hijos por varias razones. Algunas asocian al niño con su padre. Para la madre, el hijo es el padre, y en la medida en que ella odia al padre, odia al hijo. La propia identidad del hijo es negada a causa de sus sentimientos negativos hacia su padre.

Otras madres hallan más fácil rechazar al niño que correr el riesgo emocional de perderlo. Otras sienten que su hijo es el lazo que mantiene unido al matrimonio en medio de conflictos no resueltos. El nivel de problemas en el matrimonio puede relacionarse directamente con el nivel de rechazo hacia el hijo. Si el esposo no es tan atractivo como la esposa quisiera, o si él abusa de ella, el rechazo de la madre hacia el hijo puede llegar a ser muy grande.

Si la situación de un matrimonio es frágil y la esposa cree que un hijo puede salvar a la pareja de una separación, el niño puede recibir aceptación condicional. Pero si el matrimonio no mejora, el niño puede ser culpado por este fracaso. La madre puede llegar a sentir que no sólo tiene que soportar al padre sino también al hijo, cuya presencia no produce los beneficios esperados.

Hay algunas madres que se resienten contra sus hijas porque sienten que tienen que compartir a su esposo con ellas. La niña es vista como alguien que compite por la atención y el afecto del padre. Es el caso de la esposa que está esperando el regreso de su esposo a casa todas las noches, pero, antes de poder saludarlo, su hija de cuatro años pasa corriendo a su lado y salta a los brazos de su padre. Él corresponde a su hija con calor y afecto durante unos minutos y luego saluda a su esposa apenas durante unos pocos segundos. El resentimiento de la mujer aumenta cada día.

Durante las últimas dos décadas, más y más mujeres revelan un nuevo sentimiento. Sienten que sus hijos las han privado del trabajo que alguna vez tuvieron, o del trabajo y la carrera que les gustaría tener. Su resentimiento se genera por el hecho de tener que renunciar a sus proyectos personales para cuidar a la criatura. Esto limita a la mujer y produce insatisfacción. Cuando una mujer en esta situación se compara con otras mujeres que están disfrutando de sus trabajos, su resentimiento aumenta. ¡Siente que alguien la está manteniendo cautiva!

¿Y qué sucede con los padres? ¿Cuáles son algunas de las razones por las cuales los hombres rechazan a sus hijos? Algunas razones son las mismas que las de las mujeres: un matrimonio infeliz, un niño que resulta poco atractivo o un nacimiento no deseado.

Existen, sin embargo, algunas razones adicionales por las cuales los padres rechazan a sus hijos. Algunos padres se sienten personalmente inadecuados para asumir su responsabilidad. Los abruma el hecho de ser esposo, padre y sostén económico de la familia. El niño es visto como una carga y, por lo tanto, no recibe amor ni afecto. Además, el niño se convierte en una atadura para el hombre que siente que cometió un error al casarse.

Pero aunque usted haya sido rechazado durante su niñez, es posible vencer los resultados de este rechazo.

¿Cómo trata usted el rechazo?

Si usted fue rechazado cuando era niño, ¿es necesario que pase la vida con heridas emocionales? Escuche estas palabras de esperanza para el presente y el futuro:

No ser amado por un padre puede dejar cicatrices, pero la herida puede ser sanada y puede dar lugar a un nuevo crecimiento. Vale la pena abandonar las maniobras que lo han ayudado a sobrevivir a la falta de amor. Hay mejores maneras de sentirse bien. Para cambiar esas maniobras por una conducta más auténtica, es crucial empezar a aceptar el hecho de que la falta de amor de sus padres constituye un problema de ellos; no algo que lo califica a usted como persona. En otras palabras, señala un defecto de ellos y no un defecto suyo que le impide ser amado. Es particularmente importante ver al niño que hay dentro de su padre, porque es ese niño interior el que lo convirtió en una persona incapaz de amar. Si su padre lo tuvo a usted con el propósito de agradar a sus propios padres, —o a su esposa, o a la sociedad—, entonces fue su niño interior, tratando de ser bueno y obediente, tratando de obtener aprobación o evitar la desaprobación, el que tomó la decisión. Usted fue traído a este mundo por un niño, y los niños sólo pueden jugar a ser padres amorosos[2].

¿Cómo enfrentamos el rechazo? Una persona rechazada desarrolla mecanismos de defensa para protegerse y cubrir el hecho de que ha sido rechazada. Estos mecanismos son trucos psicológicos con los que la persona se engaña a sí misma para aliviar el dolor. Duele admitir que uno ha sido rechazado. El rechazo nos hace sentir inferiores. ¿Cuáles son estos mecanismos de defensa? Miremos algunos de los más comunes.

Algunas personas utilizan la *represión*. Empujan la verdad del rechazo por debajo de su nivel de conciencia y la dejan amarrada en una zona profunda. Pero el rechazo sufrido sigue influyendo la mayor parte de su conducta. La represión es una forma sutil de negación para protegernos de la cruda verdad. Pero los sentimientos han sido enterrados vivos y algún día saldrán de su tumba.

La *racionalización* es un mecanismo de defensa que usamos con mucha frecuencia. Como dijo una persona: "No es que mis padres me hayan rechazado, sino que no me necesitaban". Tratamos de explicar convincentemente el rechazo. Podemos decir: "Bueno, mi papá estaba tan ocupado tratando de sostener económicamente a nuestra familia que le resultaba imposible pasar tiempo conmigo o con mi hermano. Él mostraba su amor proveyéndonos todo lo que necesitábamos. Siempre teníamos suficiente para comer y cada dos semanas nos regalaba algún juguete. Los padres tienen muchas responsabilidades, ya sabes". Otros justifican a sus padres diciendo que estaban enfermos, que no recibieron ningún tipo de entrenamiento para ser padres o que mostraron su amor de otras maneras.

Algunas personas usan la *regresión* para protegerse del dolor del rechazo. Regresan a patrones de vida que, en realidad, pertenecen a la niñez y no a la vida adulta. Un niño que ha sido rechazado, cuando madura, se va de su casa y se convierte en una persona independiente. Pero si por alguna razón se ve forzado a regresar a su casa y, para su sorpresa, el padre que una vez lo rechazó ahora lo acepta y es amoroso, el niño adulto puede encontrarse en medio de un dilema. Ahora valora la libertad y la independencia que obtuvo viviendo lejos de su casa, pero también valora el amor y la aceptación que encuentra cuando retorna a su casa. Así que decide quedarse con sus padres. Piensa que la pérdida de su libertad no constituye un precio muy alto a cambio del amor y la aceptación de sus padres. Pero, en realidad, está decidiendo evitar el desafío de asumir una conducta adulta.

Algunas personas se *aíslan* para evitar el dolor del rechazo. Edifican muros que los separan de los demás para evitar el trauma y dolor. Un hombre me dijo que se había desinteresado por completo de sus padres a la edad de 12 años. Bloqueó sus reacciones emocionales frente a cualquier cosa que hacían o decían. Otros bloquean su pasado, pero también bloquean su capacidad de mirar hacia el futuro. Viven un día a la vez, siempre enfocados en el presente. Hoy es todo lo que importa. Así se sienten más seguros.

Otros utilizan la *reacción paradójica*. En lugar de aislarse del dolor del rechazo, acuden a sus padres y los colman de amor. Quizá sintamos la necesidad de retribuir a nuestros padres por todo lo que han hecho por nosotros o, para asombro de quienes no nos conocen, queramos ser el único sostén de padres que nos rechazaron. Hay incluso algunos niños adultos que ponen el bienestar de sus padres por encima del de sus propias familias. Dar a nuestros padres mucho más de lo que se requiere nos capacita para negar nuestros sentimientos de rechazo y nos impide rendirnos al deseo subconsciente de rechazarlos.

La respuesta más común al rechazo es ¡encontrar aprobación a toda costa!

¿Cómo afecta el rechazo al matrimonio?

Si usted ha sido rechazado, entonces llegó al matrimonio con una gran necesidad de amor y aceptación. Si se casó con una persona rechazada, se casó con una persona con esta necesidad. Si ambos fueron rechazados, ¡cuidado! Las expectativas y demandas del uno para con el otro pueden conducir a altos niveles de frustración, enojo y decepción.

Pero una vez que la relación matrimonial está conformada, la necesidad de la persona rechazada de tener atención, aceptación y afecto será constante. Esto pone gran presión sobre el cónyuge. Cuando este no responde con la intensidad de afecto que requiere la persona rechazada, la sensación de rechazo se refuerza; y esto puede derivar en depresión, enojos o exigencias afectivas que están más allá de lo que el cónyuge puede dar.

Si una persona rechazada cuestiona constantemente el amor de su pareja, entonces aparecen los problemas. Después de un tiempo, el cónyuge sometido a exigencias se cansará de que se lo ponga en duda y dirá: "Puedes creer lo que quieras. O tomas en serio lo que te digo o no tendrás nuevas respuestas de mi parte. No tengo otra manera de convencerte y ya no tengo fuerzas para seguir intentándolo. ¡Me rindo!". Por supuesto, esto sólo refuerza aún más la sensación de rechazo, aunque la frustración del cónyuge está verdaderamente justificada. A nadie le gusta que se desconfíe de su palabra o que constantemente se ponga a prueba su amor. Cuando esta situación continúa durante mucho tiempo, sobreviene el enojo.

Algunas personas que se sienten rechazadas, en realidad, buscan un cónyuge que repita el rechazo de sus padres. Estas personas están familiarizadas y cómodas con el distanciamiento y el maltrato que sufrieron durante tantos años; y si el cónyuge, efectivamente, nunca les demuestra aprobación o aceptación, la persona que se siente rechazada vuelve a vivir su viejo patrón conocido. No comprende que jamás recibirá aceptación de alguien que, debido a sus propias ineptitudes y deficiencias, tiene poco o nada que dar. Es como ir a un pozo seco en busca de agua.

Venciendo el rechazo

Para vencer los efectos del rechazo, debemos comenzar con nosotros mismos y la persona de Jesucristo. No podemos basar la solución de este déficit en algún recurso externo, como puede ser un amigo o una esposa. Si bien es cierto que otra persona podría ayudarnos, antes que nada debemos buscar la única fuente de aceptación que va a satisfacer todas nuestras necesidades. Esta fuente, en la persona de Jesucristo, no está fundada en los caprichos y carencias de otra persona con dificultades.

Después de buscar la guía y fortaleza de Jesucristo, ¿por qué no empezar a recordar esas experiencias de aceptación y aprobación que sí recibió cuando era niño y que está pasando por alto? ¡Estaban allí! Su memoria selectiva necesita cambiar de canal.

¿Puede recordar momentos específicos en que experimentó confianza, amor, aceptación y esperanza? Quizás usted, como los hijos de Israel, necesita que se le recuerden momentos positivos. Moisés le recordó al pueblo: "Acuérdate de todo el camino por donde te ha conducido el Señor tu Dios estos cuarenta años por el desierto... Guardarás los mandamientos del Señor tu Dios, andando en sus caminos y teniendo temor de él" (Deut. 8:2, 6). Isaías instó al pueblo diciendo: "Acordaos de las cosas del pasado que son desde la antigüedad, porque yo soy Dios, y no hay otro. Yo soy Dios, y no hay otro semejante a mí" (Isa. 46:9).

Recordar quiénes somos ante Dios puede, a su tiempo, convertirse en una fuerza que eclipsa los recuerdos negativos del pasado. Dios nos pide que recordemos, que desafiemos nuestra manera negativa de responder a la vida corrigiendo nuestro enfoque. ¿Cómo se logra esto?

Primero, *cambie la dirección de sus pensamientos y recuerdos*. "Por nada estéis afanosos; más bien, presentad vuestras peticiones delante de Dios en toda oración y ruego, con acción de gracias. Y la paz de Dios, que sobrepasa todo entendimiento, guardará vuestros corazones y vuestras mentes en Cristo Jesús. En cuanto a lo demás, hermanos, todo lo que es verdadero, todo lo honorable, todo lo justo, todo lo puro, todo lo amable, todo lo que es de buen nombre, si hay virtud alguna, si hay algo que merece alabanza, en esto pensad" (Fil. 4:6-8).

Segundo, *identifique las actitudes de sus padres y su reacción actual frente a ellas.*

Tercero, *identifique los comentarios de rechazo que usted se hace a sí mismo y desafíelos.* El menosprecio propio y la autocrítica mantienen el pasado vivo y activo.

Cuarto, cuando note que está procurando aprobación de un modo innecesario, *fuércese a detenerse lo antes posible.* Reduzca sus expectativas y disminuya su esfuerzo por agradar a otros. Reconozca que usted ya ha sido aprobado por Dios y comience a responder de esa forma. Recuerde el valor que Dios le ha dado.

Quinto, comprométase a *tratarse de una manera nueva y positiva*, y no como se ha tratado en el pasado.

Cuanto más nos hagamos conscientes de la perspectiva que la Biblia ofrece acerca de nuestra persona, resultará más fácil conquistar los recuerdos dolorosos y los mensajes agobiantes. Porque Dios es quien llevará a cabo esta conquista en nosotros.

¿Quiénes somos? ¿Cómo nos ve Dios? Él nos ve como seres dignos de la preciosa sangre de Cristo.

¿O no sabéis que vuestro cuerpo es templo del Espíritu Santo, que mora en vosotros, el cual tenéis de Dios, y que no sois vuestros? Pues habéis sido comprados por precio. Por tanto, glorificad a Dios en vuestro cuerpo.

1 Corintios 6:19, 20

Tened presente que habéis sido rescatados de vuestra vana manera de vivir, la cual heredasteis de vuestros padres, no con cosas corruptibles como oro o plata, sino con la sangre preciosa de Cristo, como de un cordero sin mancha y sin contaminación.

1 Pedro 1:18, 19

Ellos entonaban un cántico nuevo, diciendo: "¡Digno eres de tomar el libro y de abrir sus sellos! Porque tú fuiste inmolado y con tu sangre has redimido para Dios gente de toda raza, lengua, pueblo y nación".

Apocalipsis 5:9

¡Dios nos conoce íntimamente! Él está consciente de nosotros. "El SEÑOR dijo a Moisés: 'También haré esto que has dicho, por cuanto has hallado gracia ante mis ojos y te he conocido por tu nombre'" (Éxo. 33:17). "Antes que yo te formase en el vientre, te conocí, y antes que salieses de la matriz, te consagré" (Jer. 1:5). "Yo soy el buen pastor y conozco mis ovejas, y las mías me conocen... y pongo mi vida por las ovejas... Mis ovejas oyen mi voz, y yo las conozco... y no perecerán jamás" (Juan 10:14, 15, 27, 28).

El doctor James Packer escribe:

Siento un tremendo alivio al saber que su amor por mí es completamente realista, basado, en todo aspecto, en el conocimiento previo de lo peor de mí, de modo que ya ningún descubrimiento puede desilusionarlo en cuanto a mí del modo en que con tanta frecuencia me desilusiono a mí mismo y limito su determinación de bendecirme... Él me quiere como su amigo y desea ser mi amigo, y dio a su Hijo para que muriera por mí a fin de llevar a cabo su propósito[3].

Los momentos en que nos sentimos en paz con nosotros mismos, sin estar ligados a nuestro pasado, son aquellos momentos en que gozamos de un sentido de pertenencia. Nos sentimos queridos, deseados, aceptados, agradados. Sentimos que valemos: "Yo cuento"; "Soy bueno". También nos sentimos competentes: "Sí, lo puedo hacer".

Estos sentimientos son esenciales, puesto que funcionan juntos para darnos un sentido de identidad. Pero los momentos en que nos sentimos completos pueden ser muy poco frecuentes. Cuando las sensaciones positivas desaparecen, es momento de recordar nuestras raíces, nuestra herencia. Hemos sido creados a imagen de Dios. Él quiere que su obra sea completa en nosotros. Cuando nos relacionamos con su Hijo Jesucristo por medio de la fe, adquirimos el potencial necesario para obtener un sentido de integridad interior (ver Col. 2:10).

Esto entonces, es lo maravilloso del mensaje cristiano: que Dios es esta clase de Dios; que me ama con un amor que no decae a causa de mis pecados, mis fallas, mis ineptitudes, mi insignificancia. No soy un extraño en un universo aterrador. No soy una enfermedad anormal que se arrastra delante de una partícula insignificante en el amplio vacío del espacio. No soy un insecto sin nombre esperando ser aplastado por una bota impersonal. No soy un miserable infractor encogiéndose de terror bajo la mirada de una deidad enojada. Soy un hombre amado por Dios mismo. He tocado el propio corazón del universo, y he hallado que su nombre es Amor. Y ese Amor me ha alcanzado, no porque merezca el favor de Dios, no porque tenga algo de qué jactarme, sino por lo que él es y por lo que Cristo ha hecho por mí en el nombre del Padre. Y yo puedo creer esto de Dios (y por lo tanto de mí mismo) porque Cristo vino del Padre y ha revelado por medio de su enseñanza, su vida, su muerte y su propia persona que así es Dios: él está "lleno de gracia"[4].

Obteniendo aprobación de los padres

Para algunos de nosotros, obtener aprobación de nuestros padres es imposible, quizá porque ya han fallecido o porque él o ella no es capaz de darnos este regalo. Pero el hecho es que nunca superamos la necesidad de tener un padre que nos acepte. Nosotros tal vez nos aceptemos a nosotros mismos para satisfacer esta necesidad. ¿Pero es esto suficiente? No. Sin embargo, darse cuenta de que Dios es nuestro *Padre* celestial, la clase de padre que un padre debería ser, puede darnos satisfacción emocional.

Leemos: "que nos dio [el Padre] gratuitamente en el Amado [Cristo]" (Efe. 1:6). No hicimos absolutamente nada para ganarnos esa aceptación; nos sometimos a él, ¡y él nos hizo aceptos a sí mismo! "De tal manera amó Dios al mundo, que ha dado a su Hijo unigénito" (Juan 3:16). ¡Nos hizo aceptos porque nos amó!

Él se agrada de llamarnos sus hijos. Eso nos da un lugar con él en su familia. Sabemos que somos alguien para Dios; ¡hemos sido redimidos de no ser nadie! En nuestra relación con el Hijo de Dios, se nos asegura nuestra valía. Al haber sido perdonados de todo pecado, perdemos nuestro sentido de culpabilidad. Ya no podemos seguir creyendo que somos un don nadie o una mala persona.

También comenzamos a confiar en nuestras aptitudes, a medida que nos relacionamos con el Espíritu Santo como nuestro consolador, guía y fuente de fortaleza. Él permanece diariamente a nuestro lado para encarar cada situación conjuntamente con nosotros y tiene el control soberano de las situaciones por las que permite que pasemos.

Él imparte la habilidad de vivir una vida piadosa y de mantener una relación con Dios, a pesar de la corriente de hábitos e inseguridades emocionales que derivamos de nuestra niñez. Él es nuestra aptitud, haciendo posible que vivamos la vida cristiana y nos aferremos al sentido de ser alguien en Dios[5].

Este es el inicio del nuevo crecimiento: nuevos recuerdos, nuevos mensajes para nosotros, nuevas conversaciones en nuestra cabeza, nueva comunicación externa y nuevas relaciones. ¡Es posible!

¿Por qué no actuar sobre la base de las verdades bíblicas y librarnos del niño lastimado de su pasado? ¿Puede tratarse usted de la misma manera en que Dios lo ve y lo acepta? Dejar que el niño rechazado que tiene adentro viva su vida por usted no lo ayudará a encontrar lo que usted realmente quiere. Al aceptarse como una persona de valor, que es digna de ser amada, usted también puede librarse de todo deseo de lastimar y rechazar a otros.

Si usted fue rechazado por sus padres, el problema no estaba en usted sino en ellos. Muchos padres que rechazan a sus hijos fueron ellos mismos niños rechazados, pero nunca encontraron una forma ni se tomaron el tiempo de resolver sus propias dificultades. Ellos simplemente se las transfirieron a usted. ¿Está usted también transfiriendo su rechazo hacia otros? Quizás sus padres lo rechazaron porque no estaban listos para tener hijos: eran adultos inmaduros. Cualquier adulto puede concebir y dar a luz a una criatura, pero esa es la parte más fácil. Vivir con esa criatura, amar a esa criatura, satisfacer las necesidades de esa criatura no es una tarea fácil. Quizás sus padres no hayan sido suficientemente capaces de ser amorosos y bondadosos. Criar hijos requiere grandeza de carácter, madurez, sabiduría y paciencia, y tal vez ellos no desarrollaron estas capacidades.

Dígase a sí mismo: "Sería lindo tener la aprobación de mis padres, pero no es el fin del mundo si no lo consigo. Tengo la aprobación de Dios, la aprobación de otras personas importantes para mí y mi propia aprobación. No seré perfecto, y no tengo que serlo. Dios se ha encargado de eso por mí con el regalo de su Hijo".

Haga una lista de las expectativas mutuas que existen entre usted y sus padres.

1. Enumere las expectativas de sus padres con respecto a usted, a fin de que ellos lo acepten.
2. Enumere las expectativas que usted tiene respecto de sí mismo. ¿Cuáles de estas expectativas son realmente suyas y cuáles provienen de otras personas?
3. Enumere sus expectativas con respecto a sus padres.
4. ¿Cuáles de las expectativas señaladas en respuesta a la pregunta número uno ha discutido con sus padres? ¿Alguna vez ha compartido con ellos su dolor por su falta aceptación? Con algunos padres esto es imposible, y con otros no. Usted tendrá que decidir.

Continuar jugando el papel de niño rechazado conlleva un alto precio. Asegúrese de haber expresado su enojo y resentimiento como sugerí anteriormente. Abandone la fantasía de esperar que sus padres cambien. Si sus padres son infelices, las raíces de su infelicidad no yacen en usted sino en el pasado de ellos. Usted nunca puede compensar lo que sus padres no recibieron en su niñez. No puede deshacer lo que se les hizo a ellos o a usted en relación con ellos. Usted *puede*, no obstante, vivir su propia vida para sí mismo y dejar que la presencia de Jesucristo sea la fuente de satisfacción.

No abra ni reabra las heridas de su pasado comportándose como solía hacerlo con sus padres. Busque aceptación, aprobación y amor de aquellos que tienen la capacidad de dar amor. Y esto incluye ser amoroso con usted mismo.

Revístase de amor

Tal vez se pregunte cómo puede comenzar a amarse y aceptarse a sí mismo cuando no tiene recuerdos de aceptación y amor de sus padres para con usted. ¿No tiene recuerdos de las primeras respuestas amorosas de parte de sus padres? Probablemente no. Nuestros recuerdos se vuelven selectivos, y los dolorosos tienden a borrar los que son positivos. Pero usted se puede revestir de amor. Aquí tiene una sugerencia que ha ayudado a un buen número de personas.

Tome su álbum de fotografías y busque fotos suyas de cuando era niño. Mientras mira esas fotografías no se concentre en ninguna herida que pueda surgir de su almacén de recuerdos. En cambio, concéntrese y recuerde las experiencias agradables. Piense en aquellos eventos e intercambios en los que otros le dieron amor, aceptación y elogios. Piense en los momentos en que usted fue amado.

Ahora cierre el libro y visualice una foto suya de cuando era niño. Imagínese ese niño en una esquina de la habitación. Conviértase en ese niño y sienta lo que el niño está sintiendo. Trate de comprender lo que el niño necesita. En su mente, vaya hacia ese niño, levántelo y póngalo sobre sus rodillas. Dígale a esa criatura todo lo que cree que quiere y necesita oír.

El doctor Howard Halpern nos habla de dos experiencias que ilustran cómo revestirse de amor.

Un hombre de poco más de 40 años, que sentía que su padre nunca lo había amado, sentó a su niño interior sobre sus rodillas y le dijo: "Eres un niño bueno. Eres divertido, agradable y sensible. Y te voy a enseñar a ser fuerte y a luchar, porque vas a necesitar mucha fortaleza y confianza propia. Te enseñaré a no tener miedo de lograr lo que quieres. Puedo hacer esto por ti porque te amo y quiero que seas fuerte, apto y feliz. Déjame darte mi amor". Mientras le decía esto al niño que estaba sobre sus rodillas, estaba descubriendo lo que el niño interior necesitaba de su padre y no lo obtuvo, y estaba aprendiendo cómo poder ahora darse más de esto a sí mismo.

Una mujer deprimida, suicida, que se menospreciaba a sí misma, de unos 30 años de edad, que sentía que sus padres habían sido fríos y faltos de amor, tuvo a su niña interior en sus brazos y, con lágrimas en el rostro, le dijo: "Oh, mi querida pequeñuela. Eres realmente tan bondadosa que me gustas hasta cuando te portas mal. No seas temerosa ni tímida. Sé fuerte y defiéndete. Porque te diré un secreto: eres la niñita que siempre quise, que siempre soñé tener. Tengo tanto gusto de que estés aquí viva". La mujer estaba logrando sentir lo que la niña interior quiso con tanta desesperación y nunca recibió, y estaba aprendiendo cómo ser protectora de esa niña o, en términos simples, a ser buena consigo misma[6].

Mientras se imagina su propia experiencia, visualice allí a la persona de Jesucristo, con una mano en su hombro y una mano en el hombro del niño. A medida que usted completa lo que le está diciendo al niño, escúchelo decir: "Quiero que los dos sepan que los amo incondicionalmente. Por esta razón, ustedes tienen la capacidad de amarse a sí mismos e incluso de amar a otros que no han sido amorosos con ustedes".

Lo que usted en realidad está haciendo es volver a criar hijos. Y lo emocionante de esto es que usted puede convertirse en padre de sí mismo, de un modo más amoroso que el que experimentó en su niñez. Deje que usted llegue a amarse a usted mismo.

Sus padres le dieron amor según la habilidad que tenían en ese momento. Por favor, recuerde eso. Ellos no han tenido la oportunidad de volver a criar a sus hijos. Sería útil que comprendiera el niño interior de ellos, si le resulta posible. ¿Qué tanto sabe de la niñez de sus padres? ¿Cuáles fueron los traumas, tradiciones, conflictos y experiencias familiares que formaron la manera de ser de sus padres? ¿Cuáles fueron sus dificultades sociales y económicas? ¿Cuál era su opinión acerca del cristianismo y qué tan estrictos o indulgentes fueron con ellos sus padres y su iglesia? ¿Lo sabe usted? Si no, y si sus padres están vivos, ¿podría preguntarles acerca de esto?

Si no puede obtener las respuestas directamente de sus padres, sus tías y tíos podrían llenar los vacíos. Recientemente recibí un libro de 300 páginas de mi tío, producido por una pequeña editorial. Teniendo poco más de 70 años de edad, había decidido escribir un libro acerca de las experiencias de su niñez en la hacienda de Iowa. Debido a que mi madre tenía casi la misma edad de él, gran parte de lo que escribió la incluía a ella. Leer su descripción de la vida en la hacienda, las dificultades económicas que pasaron, el trabajo duro que realizaron y las tradiciones familiares en las que se formaron fue muy interesante. Gran parte de este libro llenó muchas lagunas de información valiosa para mí, lo cual me ayudó a entender mejor a mi madre.

Traté de descubrir la imagen que sus padres tuvieron de ellos cuando eran niños. Traté de descubrir sus sentimientos como niños. ¿Cómo fueron controlados? ¿Cuáles fueron sus presiones e inseguridades? ¿Qué se les enseñó acerca de ser un hombre o una mujer? ¿Cuáles fueron sus conflictos no resueltos? ¿Cuáles son sus verdaderos sentimientos para con sus propios padres?

Busque una foto de sus padres cuando eran niños, en la que aparezcan con el resto de sus familias. ¿Puede determinar algo sobre la base de esa foto familiar? ¿Cuáles son sus expresiones, su lenguaje corporal? ¿Están sentados o de pie? ¿Cómo se relacionaron sus padres con sus hermanos? ¿Fueron amorosos, amigables, fríos, distantes, competitivos, acogedores? ¿Les brindaron apoyo? ¿Cómo ha afectado a sus padres la pérdida de miembros de la familia? Las pérdidas incluyen muerte, divorcio, hijos que dejan la casa u otras situaciones de cambio semejantes. En la foto, ¿cómo parece que sus padres se relacionan con los demás? ¿Están relajados, rígidos, sonrientes, cómodos? ¿Abrazan o tocan a otros miembros de la familia? Ahora busque fotos del matrimonio de sus padres y de los primeros años de su matrimonio. ¿Cuáles eran sus esperanzas y sueños cuando recién se casaron? ¿Cuáles fueron y cuáles son las necesidades de sus padres hoy en día?

Entender algunos problemas de sus padres puede ayudarlo a liberarse y a vivir su propia vida.

Esto no justifica que lo hayan tratado como lo hicieron, pero ¿va a seguir viviendo con la imagen que ellos le han asignado? ¿Puede usted vivir libre, con la imagen que Dios le ha dado? Usted es digno y Dios lo ha declarado digno.

Volviéndose a criar

Ahora puede comenzar el proceso de volver a forjar sus creencias internas acerca de sí mismo. Usted vale la pena, y probablemente sea de los que no aceptan el mérito por sus acciones valiosas.

Haga una lista de las acciones positivas que realiza. Acepte su mérito de actuar de una manera saludable y positiva. No preste atención a sus carencias y defectos. Todos los tenemos, y algunos se pueden corregir con el tiempo. Otros no. Felicítese y agradézcase por lo que es a esta altura de su vida. Piense si alguna vez se ha dicho: *Bueno, voy a agradecerme por lo que hice el día de hoy. Y puedo hacer esto porque mi conducta fue positiva y valiosa. Sé que Dios ha estado conmigo, ayudándome a expresar mi valor y valía ante mí mismo y ante otros.*

Eso puede sonarle extraño. Pero me pregunto cómo se sentiría si se comprometiera a hacer esto mismo todos los días durante un mes.

Usted sentirá la necesidad de tender la mano a otras personas para desarrollar relaciones cercanas. Empezará a abandonar su caparazón de puercoespín y se convertirá en una persona arriesgada. Descubrirá que muchas personas reaccionarán frente a usted de una manera más positiva que antes (seguramente, muchos de ellos ya han respondido positivamente hacia usted, pero ha sido difícil que usted lo viera a causa del filtro de sospecha activado en su mente).

Necesitará abrirse a los demás lenta y confiadamente. Haga esto aunque tenga sentimientos encontrados o, sencillamente, no sienta ganas de hacerlo. Baje las expectativas que tiene respecto de las personas que lo rodean; ellos también son seres humanos. Si espera un rendimiento al 100 por ciento y una aceptación total, va a decepcionarse. Otras personas tienen derecho de discrepar e incluso de enojarse un poco con usted, pero eso no quiere decir que lo estén rechazando o que no les caiga bien. Usted también tiene derecho de sentirse molesto consigo mismo sin rechazarse. Es posible. No somos personas rechazadas. Somos aceptados. Trate de vivir su vida como una persona aceptada, no como una persona rechazada. El esfuerzo vale la pena.

6

Apartándose del perfeccionismo

A casi todos nos gustaría ser exitosos. Para algunos, no obstante, el éxito es un requisito. Entonces, la preocupación no es por la excelencia, sino por la perfección. Cuanto mayor sea el nivel de búsqueda de la perfección, más frecuentemente disminuye nuestro gozo. El perfeccionismo se convierte en un monstruo mental.

Para demostrar que son lo suficientemente buenos, los perfeccionistas se empeñan en hacer lo imposible. Se establecen metas ambiciosas y no se permiten excusas para el fracaso. Pero, en poco tiempo, se sienten abrumados por la ardua tarea que se han puesto por delante. Los estándares de un perfeccionista son tan altos que nadie los puede alcanzar de manera consistente. Están más allá de la lógica y más allá de la razón. La presión por alcanzar sus metas es continua, pero estas metas son imposibles de lograr. Lo que valen como personas, creen ellos, está determinado por el logro de esas metas.

Tal como lo discutimos en el capítulo dos, generalmente los perfeccionistas son el resultado de un hogar en el que los hijos tenían que demostrar su valía para sentirse aceptados por sus padres. El perfeccionismo es otro aspecto en el que usted necesita enfocarse si desea hacer las paces con su pasado.

El camino interminable del perfeccionismo

La casa de María parecía una sala de exhibición. El amoblado, la decoración, las revistas, cada cosa estaba perfectamente arreglada. Las cortinas estaban colgadas en forma pareja sin la menor arruga. Cada cuadro estaba exactamente a la misma altura. En la casa no había nada irregular, excepto la mujer cuyo perfeccionismo se notaba en los detalles del ambiente que la rodeaba. Constantemente ejercía presión sobre sí misma y sobre los otros miembros de la familia para mantener la perfección del orden y la limpieza.

María prestaba una atención meticulosa a los detalles y era muy precisa en todo lo que hacía, pero nada le parecía suficiente. Siempre pensaba que su casa "podía estar mejor", y subestimaba todo lo que hacía. Cuando los invitados la llenaban de elogios, ella sonreía con gran alegría, pero la satisfacción nunca le duraba. *¡Podía ser mejor!*, se decía a sí misma. El atractivo de su hogar hacía que los demás la consideraran una mujer exitosa, pero, en realidad, ella sentía que como mujer era un exitoso fracaso.

Desgraciadamente, el tiempo que María le dedicaba a esa casa de exhibición no estaba en proporción con el resultado deseado. Ella era perfeccionista. Sus estándares eran demasiado altos. Muy posiblemente, los estándares de sus padres fueron altos también y ella fue programada para ser perfeccionista.

El perfeccionismo es un ladrón. Ofrece recompensa pero, en realidad, nos roba el gozo y la satisfacción. En la mente de María, se repetía una y otra vez la grabación de una voz vieja y gastada: *Lo que hiciste no es suficientemente bueno. Pero si lo haces mejor, podrías recibir aprobación. Trabaja más fuerte. Pero no cometas errores.* María transitaba un camino que nunca termina. Cuando se comparaba con otras personas, ¿adivine quién quedaba en segundo lugar?

Cuando requerimos perfección de nosotros mismos, nos imponemos un conjunto de reglas. A menudo, estas reglas tienen la forma de "Yo debo", "Yo debiera", "Yo debería". Desde el momento en que nacemos, estamos rodeados de consejos, advertencias, *deberías*, amonestaciones y direcciones. Pero algunos de los *deberías* urgentes que nacen en nuestra niñez posteriormente crecen para convertirse en un esfuerzo insaciable por lograr la perfección de hoy y mañana. El esfuerzo para ser perfecto trae consigo un extraño compañero: una extrema sensibilidad para con el fracaso. El dolor del fracaso es mucho más agudo para el perfeccionista debido a lo alto de sus estándares. Cuanto mayor es la distancia entre su rendimiento y sus estándares, mayor es el dolor.

¿Cómo piensa un perfeccionista?

El perfeccionismo no es una conducta sino más bien una actitud o creencia. Entremos en la cabeza del perfeccionista y descubramos algunas de sus creencias.

Una de esas creencias es que la *mediocridad causa desprecio*. La idea de ser común y corriente es intolerable. Aun el jardín cultivado o el almuerzo servido debe ser el mejor. Los perfeccionistas deben tener las mejores relaciones sexuales, la mejor gramática y oratoria, los hijos con mejor conducta, la mejor comunicación en el matrimonio, los mejores platos. Los estándares que establecen para los otros miembros de la familia son insoportables y frecuentemente causan desánimo. El perfeccionista, en realidad, no está compitiendo con otras personas, sino que está reaccionando a un mensaje interior que le dice *puedes hacerlo mejor*.

A menudo, el perfeccionista tiende a hacer *todo o nada*. "O hago dieta hasta el final o no la hago en absoluto", "O aprendo a jugar al tenis y me convierto en un experto o me olvido del tenis". Si comienza un proyecto o actividad, apenas tiene dificultades, siente que se ha roto su patrón de perfección y se rinde completamente. La conducta de "todo o nada" le impide desarrollar otras formas de progreso.

Otra creencia es que *la excelencia se obtiene sin esfuerzo*. Si una persona realmente es sobresaliente, debe hacer con facilidad hasta las tareas más difíciles. Una persona debería ser capaz de aprender todo inmediatamente, tomar las decisiones correctas al instante. Fíjese en la palabra *debería,* puesto que es la que acompaña permanentemente al perfeccionismo. Y si el plan no sale según sus creencias, se suspende o se posterga indefinidamente.

Otra creencia es la importancia de *hacer todo solo.* Es una señal de debilidad delegar o pedir ayuda. El perfeccionista debe hacer todo solo y no pedir consejo ni opiniones. El perfeccionista tiende a trabajar y sufrir solo y, cuando no puede terminar una tarea, la demora. El perfeccionista vive con el temor de parecer un tonto, un inepto o de no saber qué hacer. Así que esconde sus pensamientos y sentimientos más profundos, especialmente los de temor y preocupación. Siente que las personas no aceptarán su lado humano, y esa barrera le roba el calor del contacto humano.

Un hombre me dijo una vez: "¿Qué es lo que queda sin el perfeccionismo? Lo que queda es una persona común, igual que cualquier otra. ¿Quién quiere eso? Yo no. Me seguiré esforzando, porque algún día llegaré a la meta. Yo mejoro cuando me esfuerzo".

Otra creencia del perfeccionista es que solo existe *una manera correcta de llevar a cabo las cosas.* Su tarea principal es descubrir esa forma correcta. Y hasta que haya hecho ese descubrimiento, puede vacilar en comenzar su tarea. ¿Por qué tomar la decisión equivocada? Esta actitud hace que algunos jamás se comprometan con nadie o posterguen la decisión de casarse debido a que tienen miedo de tomar la decisión equivocada.

Un perfeccionista, con frecuencia, *no puede soportar el hecho de quedar en segundo lugar.* El perfeccionista es competitivo, aunque si se le pregunta, no lo admite. Le desagrada tanto perder que tiende a evitar actividades que implican competencia directa con otros. En lugar de eso, compite consigo mismo. No quiere competir sin la seguridad de que va a terminar en primer lugar. Algunos varían ligeramente este principio: dejan las cosas para más adelante, a veces a tal grado que, sin desearlo, se garantizan el fracaso. Pero continúan con la creencia de que hubieran terminado en primer lugar si lo hubieran intentado. Este es un mecanismo de defensa muy común. Cualquier cosa incompleta es un fracaso. El perfeccionista no logra nada, puesto que no cree en metas a corto plazo. Como dijo un autor:

Los perfeccionistas tienden a pensar en términos absolutos en cuanto a lo que hacen. Además, suelen pensar en forma catastrófica, es decir, toman un evento pequeño —como, por ejemplo, un error— y exageran las consecuencias hasta que parezcan asombrosas. Parecen reaccionar ante un incidente como si fuera el principio del fin, seguros de que la devastación está a la vuelta de la esquina.

Estas expectativas catastróficas son aún más intimidantes cuando no tienen nombre y son vagas, como suele suceder la mayoría de las veces. "Mi mente sería miserable si yo no fuera perfecto", se quejan ellos. ¿Pero de qué manera específica serían sus vidas miserables? A menudo, es interesante y útil para estas personas ponerles nombre a estas vagas fantasías de terror. Hágase la pregunta: "¿Qué pasaría si yo no fuera perfecto?". Además de una idea difusa acerca de la muerte y de otras generalidades catastróficas, ¿qué cosas específicas puede prever? ¿Qué tan mal se pondrían las cosas?

¿Qué serie de sucesos lo llevarían a la catástrofe final?[1].

El perfeccionista vive por medio de reglas tácitas. Estas reglas son una influencia poderosa sobre su vida. También crean un tremendo estrés. He aquí algunas de las más comunes:

Nunca debo cometer un error.

Nunca debo fallar.

Debo ir a lo seguro para tener éxito siempre.

Una secuencia de ideas no verbalizadas para un perfeccionista podría ser más o menos esta: *Cometí un error. Eso es terrible. No debo cometer errores en ningún momento. Tengo que planearlo de modo diferente la próxima vez. Si cometo un error no soy perfecto. ¿Qué pensarán los demás? Creerán que soy estúpido y débil. Los demás deben tener un alto concepto de mí. No deberían conocer mis debilidades. Esto es horrible.* Este tipo de pensamiento invita al estrés, la tensión, las postergaciones e incluso a la indecisión.

Estas reglas provienen de creencias muy arraigadas. Para efectuar un cambio, estas creencias deben desafiarse reiteradamente.

Si su norma es "debo hacer siempre lo mejor que puedo", le advierto que existe una regla detrás de ella. Esa regla es "sería terrible si no hiciera lo mejor que puedo". Una corrección a esta regla sería "prefiero hacer lo mejor que pueda, pero no hace falta que todo sea perfecto. Me siento mejor cuando doy lo mejor de mí, pero puedo aprender a sentirme bien cuando no es así. En realidad, me puedo dar permiso para no hacer lo mejor que puedo cuando no logro hacerlo".

Otra regla que debe desafiarse es "nunca debo cometer un error que los demás puedan ver. No podría soportar que eso sucediera". Una corrección a esta regla podría ser "preferiría no cometer errores delante de los demás, pero eso no es el fin del mundo. Puedo soportarlo. Las personas no son tan implacables como parecen".

Piense cuál sería su reacción si alguien se le acercara y le dijera: "Bueno, la verdad es que vives en un vecindario común y corriente, tu casa no es del otro mundo y tu automóvil no tiene nada de especial, también es bastante común. Tu forma de vestir es parecida a la de la mayoría de las personas. De hecho, eres una persona promedio. Realmente no te veo como líder ni como un innovador en ninguna área de la vida". ¿Cómo se sentiría? ¿Molesto, ofendido, enojado, a la defensiva, satisfecho, triste, abatido, optimista? Un perfeccionista se sentiría airado y, posiblemente, explotaría a causa de su enojo. Otra persona podría decir: "Sí, estoy de acuerdo contigo. Estoy satisfecho con mis esfuerzos, mis habilidades y el nivel de mis logros. Me siento bien conmigo mismo y con lo que he conseguido. Disfruto de la vida". Pero no un perfeccionista.

Un perfeccionista puede caer en la postergación permanente

El perfeccionista tiene necesidad de certeza. No

desea asumir riesgos. Está cómodo únicamente con aquellas actividades cuyo resultado está asegurado. Cuando carece de certeza, la preocupación puede enfermarlo. Tiene miedo de equivocarse, por lo tanto, no intentará nada a menos que esté seguro de su éxito. Debido a esto, puede reaccionar de tres modos posibles:

1. Evitará involucrarse en tareas que no le ofrecen seguridad de éxito. O trabajará con tanta diligencia e intensidad que afectará a quienes estén a su alrededor de manera negativa.
2. Las preguntas o interrupciones le producirán enojo. Su rigidez crecerá. Su personalidad y sus reacciones se volverán frágiles.
3. Esperará hasta el último minuto para empezar una tarea que requiere gran cantidad de tiempo. Este, en realidad, es un mecanismo de defensa para proveerse una excusa: "Bueno, por supuesto que no lo hice correctamente. No tuve tiempo. Empecé demasiado tarde como para lograrlo". Consciente o inconscientemente, planificará un mal manejo del tiempo. Su juego consiste en demorar el comienzo de la tarea. Se llama "¡déjalo todo para más tarde!".

¿Tiene usted el hábito de postergar el inicio de sus tareas? ¿Deja para mañana lo que puede hacer hoy? No siempre es malo postergar las cosas para más tarde. Todos enfrentamos decisiones y tareas que a veces demoramos conscientemente. Pero un estilo de vida lleno de demoras es otra cosa.

¿Por qué la gente se demora en hacer las cosas? Hemos discutido algunas de las razones, pero hay cinco más que necesitamos considerar.

1. Algunos individuos se demoran en tomar decisiones a causa de sus limitaciones. Problemas médicos de índole física les dificultan salir adelante.

2. Otra razón para demorar la toma de decisiones es la falta de información. El individuo no sabe qué hacer, o que hay algo que necesita hacerse.

3. Una estrategia planificada puede ser otra de las razones para demorar una decisión. El hombre de negocios espera el momento oportuno para vender. Pospone su inversión en publicidad sobre la base de investigaciones que le señalan que falta tiempo para lanzar un nuevo producto. Del mismo modo, una mujer posterga una salida a un centro de compras hasta al día siguiente porque podrá realizar otras compras cuya lista aún no ha confeccionado.

Estas demoras se producen por motivos que todos entendemos y aceptamos. Pero hay dos clases de demoras que no están basadas en razones sólidas y coherentes sino en dificultades psicológicas del individuo.

4. Un cuarto tipo de demora es la del "evasor incómodo". La tarea se aplaza porque tiene algunos aspectos que incomodan a la persona. Estos aspectos no son necesariamente desa-

126

gradables sino que incluso pueden ser agradables para la mayoría. Si la tarea presenta complicaciones, la persona siente que "¡no vale la pena!".

Podría suceder que el individuo nunca haya experimentado la tarea, pero la idea de tener que afrontar complicaciones es suficiente para decidir la postergación. Algunas de estas personas tienden, incluso, a agrandar las posibles incomodidades. Si prepararse para un trabajo lleva 30 minutos, la persona percibe ese tiempo como si fuera una hora y media. Si está lloviendo fuerte y hay que arroparse bien para salir a pasear, decide que hace demasiado frío como para disfrutar de la actividad. Si el clima está templado, siente que hace demasiado frío o demasiado calor.

Cuanto más se habitúa la persona a provocar esta clase de demoras, más se convence de que sus percepciones son precisas. Incluso, evita tareas pequeñas, y así comienza un proceso de acumulación creciente. Quizás no sólo demore la actividad sino que también puede llegar a olvidarse de ella, lo cual conlleva un sinnúmero de consecuencias.

5. Una quinta razón para demorar el inicio de una tarea es la duda acerca de las propias capacidades. Esta es una actitud que revela desprecio propio y baja autoestima. De algún modo, la persona se ve a sí misma como una persona carente de recursos. Sus fallas se evalúan desproporcionadamente. Este individuo le da un vistazo a su vida, la evalúa y

concluye que es deficiente. Él imagina, y cultiva, sus deficiencias: *Soy deficiente y carente de capacidades, ¿para qué intentarlo? No soy tan estúpido como para intentar esto y recibir la burla y el desprecio de los demás.* Esta forma de pensar puede ser consciente o puede responder a un patrón de ideas subyacentes. *¿Para qué intentarlo? ¡Terminaré probando que no lo puedo hacer! Es mejor no hacer nada que experimentar el verdadero fracaso.*

Para algunas personas, el estado de duda propia es constante. Para otras, es selectivo, ya que depende de la clase de evento que haya que enfrentar. En otros, la duda fluctúa, ya que puede estar basada en su estado de ánimo, sus sentimientos, su situación, su ambiente o el tipo de grupo social que rodea al individuo.

También están aquellos que mezclan todas sus razones para demorarse. Juntan la duda propia y la evasión de la incomodidad, y tienen una base extremadamente sólida para dejar las cosas para más tarde.

Si usted es uno de estos perfeccionistas que demora una y otra vez sus desafíos inmediatos, ¿qué es lo que está tratando de evitar con su demora? ¿Cuáles son las áreas o situaciones de la vida en las que se demora? Si está interesado en deshacerse de su deseo de aplazar las cosas, haga una lista de las áreas de su vida que evita o en las que se demora en tomar acción. Tómese bastante tiempo para hacer una lista lo más completa posible. Tome ahora una hoja de papel tamaño carta y divídala en cuatro partes. Ponga el título "Inventario de logros" (ver Figura 1). En la parte superior izquierda, enumere las tareas que generalmente posterga según el orden de importancia. En la parte superior derecha, enumere las tareas de autodesarrollo personal o actividades que demora, según el orden de importancia.

Ahora concéntrese en la parte inferior izquierda y haga tres cosas. Seleccione una de las tareas que escribió arriba, en el cuadro de la izquierda, e indique una fecha límite para realizarla. Luego escriba qué es lo que ha estado impidiéndole realizar esa tarea. ¿Es la duda acerca de sus capacidades o un deseo de evadir la incomodidad? Finalmente, enumere tres o cuatro pasos para llevar a cabo su tarea. Haga esto con cada una de las tareas que ha enumerado. Repita este proceso con las tareas de autodesarrollo personal que enumeró en la parte superior derecha.

Tener estándares excesivamente altos (propios de un perfeccionista) es una manera excelente de invitar a la depresión a tomar posesión de su vida. ¿Por qué? Porque en esta vida es imposible ser perfecto. Es como si usted tuviera que atravesar dos puertas: una tiene un cartel que dice "Perfeccionismo"; la otra tiene un cartel que dice "Promedio", o incluso "Mejor que el promedio". Cuando abre la puerta del perfeccionismo, usted se encuentra con un muro de ladrillo. Cada ladrillo es un obstáculo que le impide alcanzar la perfección. La otra puerta no conduce a un muro. Conduce al crecimiento y a una vida balanceada.

Figura 1: Inventario de logros

Tareas que postergo	*Tareas de autodesarrollo que postergo*
1. Limpiar la bodega. 2. Contestar la correspondencia. 3. Hacer arreglos para la siguiente reunión de matrimonios de la iglesia. 4. Revisar el estado de los frenos de mi automóvil.	1. Bajar siete kilos. 2. Pasar una noche por semana con los niños, conociendo más de sus vidas. 3. Hablar con mi supervisor acerca de una evaluación de mi trabajo.
1. *Tarea que completaré y fecha en que la haré.* Clasificaré las 12 cajas que están en la bodega, a más tardar el próximo domingo.	1. *Tarea que completaré y fecha en que la haré.* Bajaré siete kilos en los próximos tres meses.
2. *¿Qué es lo que me ha estado deteniendo?* No me gusta hacer ese trabajo. Creo que llevará mucho tiempo. No sé dónde poner las cajas y no sé qué es lo que mi esposa quiere conservar o desechar.	2. *¿Qué es lo que me ha estado deteniendo?* Me gusta comer. No sé qué dieta hacer. No estoy seguro de que pueda bajar de peso ¿Y qué si bajo y después lo recupero?
3. *Tres pasos que tomaré para lograr esto.* a. Apartaré tres horas seguidas y trabajaré en esto. b. Clasificaré una caja a la vez. c. Desecharé cualquier cosa que no haya sido usada durante un año.	3. *Tres pasos que tomaré para lograr esto.* a. Llamar a mi doctor e informarme sobre dietas y ejercicio. b. Hablar con mi esposa para que me ayude con mi dieta. c. Preparar un gráfico para controlar mi consumo de alimentos y mi ejercicio.

El perfeccionista no puede ser perfecto

Los perfeccionistas son vulnerables a la confusión emocional, y no son precisamente los que alcanzan más metas. En realidad, crean patrones de conducta contraproducentes y razonamientos ilógicos y distorsionados. Sólo tienen éxito para el fracaso.

La persona perfeccionista se esfuerza por ser perfecta, y ahí es donde está la ironía. Cuanto más pretendemos la perfección, más lejos está de nuestro alcance. Cuanto más tratamos de volvernos aptos, menos aptos nos volvemos. La aptitud es un regalo que recibimos gratuitamente. Siempre ha sido gratuita. Dios ha declarado que somos aptos debido a lo que ha hecho por nosotros por medio de Jesucristo. Cualquier escasez en nuestras vidas ha sido pagada por el regalo gratuito de Dios. Ahora podemos empezar a vivir de acuerdo con nuestra aptitud, en lugar de esforzarnos para convertirnos en personas aptas. Podemos dejar el criterio del rendimiento humano, puesto que Dios nos llama a ser fieles. Este es el estándar: ¡fidelidad!

El concepto que Dios tiene de nosotros es mucho mayor que cualquier concepto que podamos ganar o conseguir por nuestros propios esfuerzos. Lea estos versículos, que demuestran lo que quiero decir:

> Nos escogió... para la alabanza de la gloria de su gracia, que nos dio gratuitamente en el Amado.
>
> Efesios 1:4, 6

Creó, pues, Dios al hombre a su imagen; a imagen
de Dios lo creó; hombre y mujer los creó.

Génesis 1:27

Lo has hecho un poco menor que los ángeles y le
has coronado de gloria y de esplendor.

Salmo 8:5

Mirad cuán grande amor nos ha dado el Padre para
que seamos llamados hijos de Dios.

1 Juan 3:1

Y a aquel que es poderoso para guardaros sin caída
y para presentaros irreprensibles delante de su
gloria con grande alegría.

Judas 24

Nosotros, como creyentes, hemos sido llamados
a ser perfectos. Pero este es un llamado a continuar creciendo y madurando. No significa que no
debemos cometer errores. Significa que debemos
vernos objetivamente, aceptando nuestras virtudes
y talentos, y reconociendo nuestras deficiencias.
Cuando vivimos según estándares poco realistas,
nos enojamos, nos deprimimos o nos suceden ambas cosas. Cuando estamos deprimidos, oímos una
voz interior que dice: "No puedo hacer nada bien.
Nada funciona conmigo. Ni siquiera puedo ser una
persona promedio". El mejor momento para tratar
con nuestras tendencias perfeccionistas no es
durante un momento de depresión, sino cuando podemos ser objetivos con nosotros mismos.

¿Cómo podemos librarnos de las cadenas del perfeccionismo? En primer lugar, vuelva a leer la sección de este capítulo en la que hablamos acerca de
quién es usted desde la perspectiva de Dios. Vuelva

a leer esa sección cada día y deje que penetre en su mente para contrarrestar todos los mensajes negativos que ha estado escuchando durante años.

A continuación, le presento unos ejercicios que puede usar si desea efectuar un cambio. Probablemente no necesitará hacer todos estos ejercicios para experimentar un cambio. Y recuerde: ¡tampoco tiene que hacerlos *perfectamente*!

1. Haga una lista de 5 a 10 aspectos positivos que surgen del hecho de cometer errores. ¿Cómo madura y aprende la gente a causa de ellos?

2. Imagínese que se le ha asignado la tarea de discutir por qué es imposible que el ser humano sea perfecto. Haga un resumen de lo que diría.

3. Haga una lista de 3 de sus éxitos más recientes y 3 de sus fracasos. Aparte del efecto emocional, ¿qué otras consecuencias produjeron estos éxitos y fracasos?

4. Enumere las técnicas que usted usa para evitar el fracaso. ¿Estaría dispuesto a contarles a otras 3 personas cuál es su modo de postergar las cosas y evitar hacerlas? Si no está dispuesto, ¿cuáles son los motivos de esta negativa?

5. Haga una lista de 10 de sus cualidades. ¿Qué otras personas saben que usted tiene estas cualidades?

6. Describa cómo lo vería Dios si estas 10 cualidades no fueran parte de su vida.

7. Imagínese fracasando en una tarea. Haga una lista de comentarios objetivamente reconfortantes que se podría hacer a sí mismo en ese momento.

8. Admita cada semana algunos de sus errores a algún buen amigo.

9. ¿Cómo reacciona generalmente frente a alguien que está teniendo dificultad con una tarea o que ha fracasado? Escriba lo que podría decir para apoyar y ayudar a esa persona.

10. ¿Qué tarea o actividad está postergando en este momento a causa de su temor al fracaso? Comprométase a completar esa tarea pronto. Identifique cuál es la parte más difícil y a quién necesita pedir ayuda. ¿Qué pasos puede tomar para que se le haga más fácil esta tarea? Divida la tarea en pequeños pasos y establezca metas realistas.

11. ¿Qué es lo que lo motiva a ser un perfeccionista? Podría resultar útil hacer una lista de las ventajas y desventajas del perfeccionismo. Podría descubrir (si usted es sincero) que las desventajas sobrepasan las ventajas. Podría descubrir que usted es capaz de realizar muchas tareas, pero que se pone tenso e irritable, teme probar algo nuevo, no tolera a los que hacen las cosas de manera diferente o se deprime cuando falla.

Un hombre con el que estaba trabajando compartió su lista conmigo. Las únicas ventajas de buscar la perfección en su trabajo fueron la gran cantidad de tareas realizadas y los elogios que recibió de sus superiores. Pero cuando comenzó a pensar en las desventajas, enumeró lo siguiente:

Tengo miedo de cometer errores, así que me pongo inquieto e irritable.

Critico mucho lo que hago y pierdo mucho tiempo haciendo las cosas más de una vez.

Me parece que cada trabajo tiene que ser mejor que el anterior.

Me encuentro criticando mucho los errores de los demás. Creo que me recuerdan mi propia falibilidad.

No he producido nada nuevo en mucho tiempo. Vacilo un poco en aventurarme a abordar alguna área nueva. Es el viejo temor: "¿Y qué si cometo un error?".

12. Una de las creencias que podría tener como perfeccionista es que, a menos que su objetivo sea la perfección, nunca podrá ser feliz. No puede disfrutar de la vida ni tener alguna satisfacción a no ser que logre su meta. ¿Por qué no probar esta creencia? El doctor David Burns sugiere probar algunas actitudes en contra del perfeccionismo registrando las verdaderas satisfacciones que le dan sus actividades. Estas pueden incluir actividades tales como participar de una buena comida, cortar el césped, arreglar una tostadora descompuesta, preparar un discurso o lavar el auto. Estime qué tan perfecta fue la ejecución de cada tarea usando una escala de 0 a 100. Use la misma escala para determinar lo satisfactoria que fue cada una de

esas tareas. El propósito de este ejercicio es mostrarle que su satisfacción *no* depende de que las cosas sean perfectas. La Figura 2 muestra lo que enumeró un médico que creía que tenía que ser perfecto.

Figura 2[2]

Actividad	Registre qué tan efectivo fue esto entre 0% y 100%	Registre qué tan satisfactorio fue esto entre 0% y 100%
Arreglar la tubería rota de la cocina.	20% (Me tomó mucho tiempo y cometí muchos errores).	99% (¡En verdad lo hice!).
Dar una conferencia en la facultad de medicina.	98% (Se pusieron de pie para aplaudirme).	50% (Generalmente se ponen de pie para aplaudirme. En realidad, no me quedé muy contento con mi rendimiento).
Jugar al tenis después del trabajo.	60% (Perdí el partido, pero jugué bien.)	95% (Me sentí realmente bien. Disfruté del juego y del ejercicio).
Corregir el borrador de mi trabajo más reciente durante una hora.	75% (Fui constante, corregí muchos errores y mejoré las oraciones).	15% (Permanecí diciéndome que no era *el trabajo final* y me sentí muy frustrado).
Hablar con un estudiante acerca de las opciones de su carrera.	50% (No hice nada especial. Sólo escuché y le ofrecí unas cuantas sugerencias obvias).	90% (Parecía que él realmente apreciaba nuestra conversación, así que me sentí contento).

Recuerdo a un estudiante universitario con el que trabajé hace muchos años. Era casi un perfeccionista compulsivo. Vino de un hogar donde uno se ganaba el amor según el rendimiento. Si alguien intentaba algo y fallaba, entonces no recibía amor. Debido a esto, desarrolló un gran temor al fracaso. Pensamientos obsesivos interrumpían su habilidad de concentrarse. El fracaso escolar era lo peor que le podía suceder. Por lo tanto, cuando ingresó a la universidad, después de los primeros cuatro períodos, en la época de los exámenes finales, abandonó los estudios porque temía fracasar (para él, fallar era cualquier cosa que no fuera una calificación excelente).

Durante años, este joven se agobió con su perfeccionismo. Afortunadamente, recibió la ayuda que necesitaba a través de la consejería. Después de casarse y de comenzar a trabajar, regresó a la universidad para estudiar medio tiempo, dispuesto a hacer lo mejor que pudiese y a aceptar lo que pudiera lograr. ¡Sacó calificaciones excelentes en sus primeros 12 cursos!

Con frecuencia, los temores al fracaso entran en nuestra mente de modo automático. Es parte de las escondidas y profundas conversaciones que sostenemos con nosotros mismos, que surgen de vez en cuando como manera de dificultar nuestras vidas.

El doctor Burns presenta un ejemplo de un estudiante universitario que tenía miedo de entregar una asignación de fin de semestre porque tenía que estar "exactamente bien". Se le sugirió al estudiante que hiciera una lista de sus pensamientos automáticos y que luego identificara el temor usando el método de la flecha vertical. Este método es algo así como remover capas de una cebolla hasta descubrir las causas del perfeccionismo. El proceso puede ser muy aleccionador a medida que los temores, que han estado tapados, son descubiertos. El recorrido de este estudiante se muestra en la Figura 3.

John Clarke escribió una vez: "Debemos dejar de alinear los cuadros en las paredes de nuestras vidas antes de que podamos encontrar y traer gozo a la vida"[3].

No es tan terrible ser una persona promedio. En realidad, el mundo está lleno de gente que mayormente es promedio. *Promedio* significa que aceptamos nuestras cualidades y defectos, y que hacemos lo que podemos para cambiar las áreas débiles. Como creyentes, somos afortunados en el sentido de que nuestros esfuerzos por crecer no están impulsados por nuestra propia fuerza. Tenemos los recursos de Dios a nuestra disposición. Él nos llama a ser fieles, no perfectos.

Figura 3[4]

Pensamientos automáticos	Respuestas racionales
1. No hice un trabajo excelente en mi asignación. • "Si eso fuera cierto, ¿por qué debería ser un problema para mí?".	1. Pensar en términos de todo o nada. La asignación está bastante bien hecha, aunque no sea perfecta.
2. El profesor va a notar todos los errores ortográficos y las secciones deficientes. • "¿Y por qué eso sería un problema?".	2. Filtro mental. Probablemente notará errores ortográficos, pero va a leer toda la asignación. Hay secciones bastante buenas.

Pensamientos automáticos	Respuestas racionales
3. Él pensará que no me importó. • "Suponiendo que sí, ¿cuál sería el problema?".	3. Leer la mente. No sé si va a pensar esto. Y si lo hiciera, no sería el fin del mundo. A muchos estudiantes no les importan sus asignaciones. Además, a mí *sí* me importan, así que si él pensara de esta manera, estaría equivocado.
4. Lo estaré defraudando. • "Si eso fuera cierto y él se sintiera de esa manera, ¿por qué debería preocuparme?".	4. Pensar en términos de todo o nada; error de adivinos. No puedo agradar a todo el mundo todo el tiempo. A él le ha gustado la mayoría de mis trabajos. Si se siente decepcionado con esta asignación, sobrevivirá.
5 Me sacaré una nota muy baja o la más baja por la asignación. • "Supongamos que así sea, ¿entonces qué?".	5. Razonamiento emocional; error de adivinos. Me *siento* así porque estoy molesto. Pero no puedo predecir el futuro. Puede ser que saque una nota buena o regular, pero realmente no es muy probable que sea baja ni, mucho menos, la más baja.
6. Eso arruinaría mi promedio académico. • "Y entonces, ¿qué sucedería?".	6. Pensar en términos de todo o nada; error de adivinos. Muchas personas se equivocan de vez en cuando y sus errores no parecen arruinarles la vida. ¿Por qué no puedo equivocarme de vez en cuando?
7. Eso significaría que no fui la clase de estudiante que se supone que debería ser. • "¿Por qué me va a molestar eso?".	7. Declaración preconcebida. ¿Quién estableció la regla de que las cosas deberían ser de cierta manera todo el tiempo?

Pensamientos automáticos	Respuestas racionales
8. La gente se enojará conmigo. Seré un fracaso. • "Y supongamos que *se enojan* y que *yo sea* un fracaso, ¿es realmente eso algo tan terrible?".	8. Error de adivinos. Si alguien está enojado conmigo, es problema de esa persona. No debo exagerar la importancia de la reacción de la gente todo el tiempo. Es demasiado agotador. Convierte mi vida en un revoltijo tenso, restringido y rígido. Quizás me vaya mejor si establezco mis propios estándares y me arriesgo a que alguien se enoje. Si fallo en mi asignación, esto no me convierte en el "Señor Fracaso".
9. Entonces me marginarían y me quedaría solo. • "¿Y entonces qué?".	9. El error de adivinos. ¡No *todos* me marginarán!
10. Si estoy solo, estaré destinado a ser un miserable.	10. Descalificación de datos positivos. Algunos de los momentos más felices de mi vida han ocurrido cuando estoy solo. Mi "miseria" no tiene nada que ver con estar solo, sino que viene del temor de la desaprobación de los demás y de castigarme a mí mismo por no vivir según estándares perfeccionistas.

7

Resistiendo el exceso de coacción

Imagine que usted está mirando distraídamente el diario de la mañana y de pronto le llama la atención un anuncio.

¿Se le hace difícil "arrancar"? ¿Está constantemente afectado por el sueño? ¿Pone en marcha su motor y luego lo detiene? ¿Se siente cansado la mayor parte del tiempo? ¿Le parece que otras personas tienen la culpa de lo que le sucede? ¿Tiene listas y listas de cosas que hacer durante la mañana, incluyendo lo que tenía en la lista de ayer? Si es así, ¡felicitaciones! ¡Usted califica para ser parte de nuestra organización! Sólo llene el cupón con su nombre, dirección y número telefónico, y le enviaremos su solicitud inmediatamente. Puede convertirse en un miembro de nuestra sociedad con todos sus privilegios. Escríbanos hoy mismo.

¡Qué anuncio más extraño! ¡No dice de qué se trata esa organización! Quizás usted piense: "Bueno, parece que hablara de mí. Lo llenaré mañana y lo enviaré". Entonces, repentinamente, se da cuenta de que está haciendo exactamente lo que el anuncio advierte acerca de usted, así que se corrige y piensa: "Quizás sea mejor que escriba ahora mismo. ¡Tengo curiosidad de saber qué es lo que estoy solicitando!". Entonces llena la solicitud, la envía por correo y espera.

Pasan varios días antes de recibir una respuesta. Cuando llega la carta, usted abre rápidamente el sobre y ve que es una solicitud para afiliarse a la ¡Sociedad de Opositores Excesivamente Coaccionados!

"¿Pero de qué están hablando?", se pregunta usted echando chispas. "Opositores Excesivamente Coaccionados... ¡su abuela! Yo no me opongo a nada. Estoy a cargo de mi vida. Sé lo que estoy haciendo. ¿Cuál es el problema si no siempre logro lo que me gustaría?". Usted refunfuña, se queja, se siente indignado, enojado e insultado. ¿De qué otra manera podría sentirse?

Pero luego vuelve a mirar la solicitud y lee esta declaración:

> Probablemente se habrá enojado al leer esta solicitud. Probablemente crea que jamás será parte de esta organización; y quizá sea cierto. Pero si contestó afirmativamente a la mayoría de las preguntas del anuncio, amigo mío, ¡usted sí pertenece a esta organización! Si quiere saber más acerca de sentirse excesivamente coaccionado, presente su solicitud. No lo posponga hasta mañana. Después de todo, si pertenece a este club, querrá dejarlo todo para más adelante, ¿no es verdad?

De pronto, usted piensa: "Me parece que el aviso tiene razón. ¿Qué tengo que perder? Creo que sí pertenezco".

En el capítulo dos hablamos acerca de las actitudes de nuestros padres durante nuestra niñez, que nos han marcado y aún nos impiden vivir la vida por nuestra cuenta. Una de estas actitudes es el exceso de coacción. Un niño excesivamente coaccionado depende demasiado de la ayuda externa. Cuando crece, habrá fijado la idea de que no puede hacer nada sin la dirección de otra persona.

En algún lugar de su pasado hubo otra persona que intentó dirigir y controlar su vida. Esto pudo haber sucedido de varias formas, pero es muy probable que la persona que ejercía la coacción se quejara de usted, fuera inquieta y prepotente. Esta clase de control ofrece poca o ninguna oportunidad para desarrollarse como un ser independiente. Usted era incapaz de ir en pos de sus propios intereses e inclinaciones. Tuvo pocas oportunidades de iniciar algo por sí solo. Ahora siente que su vida está caracterizada por una larga lista de obligaciones. Usted fue criado como una marioneta, colgada y bailando al ritmo de los movimientos de un director.

Vivimos en una sociedad coactiva. Todo el tiempo se nos dice "haz esto", "haz aquello", "no hagas esto", "no hagas eso". Los medios de comunicación nos señalan cuál es la mejor manera de criar a nuestros hijos, cepillar nuestros dientes y comprar zapatos. En los negocios, es común encontrar personas que creen que "la única manera de lograr que se hagan bien las cosas es decirles la manera exacta de hacerlo. ¡Olvídate de la democracia! Muéstrales, diles lo que tienes que decir y termina con las discusiones y las sugerencias. Lo

143

que cuentan son los resultados. No desperdicie-
mos el tiempo".

La mayoría de los padres desean sinceramente
lo mejor para sus hijos. Quieren que el niño crezca
con su propio sentido de lo que es el bien y el mal,
y que logre su propia autonomía. Por lo tanto, les
parece que es importante guiar al niño en todo lo
que hace. Le recuerdan todas las pautas y lo corri-
gen con tanta persistencia que el niño llega a sentirse insignificante.

¿Por qué motivo tantos padres se exceden al
aplicar la coacción? ¿De dónde viene su necesidad
de dar órdenes? Probablemente, de su pasado. A
menudo, los padres tratan de compensar las privaciones pasadas en sus propias vidas. Las obligaciones se convierten en su mejor método para
guiar la vida del niño.

¿Qué recuerda de su pasado? ¿Recibió órdenes
y directivas constantemente? ¿Se lo animó a ser
una persona independiente y a tomar sus propias
decisiones? ¿Se le dio la oportunidad de desarrollar su propia iniciativa?

¿Sirve este método para guiar la vida de otra
persona? ¿Realmente funciona? ¿Cuáles son sus
verdaderas consecuencias? Como dijimos en el capítulo dos, una criatura que ha sido excesivamente
coaccionada puede responder de una de tres maneras:

1. Se somete y cumple dócilmente cada exigencia.
2. Resiste las órdenes por un tiempo breve, pero
   luego va reprimiendo su rebeldía hasta aban-
   donarla por completo.

3. Resiste pasivamente dejando todo para después o demostrando un silencioso desacuerdo con su situación.

No obstante, todos estos niños encuentran un modo de resistir el exceso de coacción.

La resistencia puede tomar diversas formas cuando estos niños crecen. Pueden resistir directamente las sugerencias y directivas de los demás. Pueden resistir sus propios intentos de guiar sus propias vidas porque han incorporado las directivas de sus padres y, de este modo, se han convertido en sus propios padres. Pueden ver las enseñanzas de las Escrituras como otra lista de obligaciones y resistir así a la Palabra de Dios; y pueden resistir a otra gente.

El opositor dócil

Si el patrón de control excesivamente coactivo comienza a muy temprana edad en la vida de una criatura y es consistente, el niño obedecerá dócilmente. Esta obediencia continuará durante toda su niñez, su adolescencia, y se proyectará hasta llegar a la edad adulta. Esta clase de persona busca constantemente dirección a su vida. Se le hace difícil llegar a tener iniciativa propia y tomar decisiones. Se siente mejor cuando alguien le dice: "Tienes que hacer esto". Necesita que otros lo motiven, lo animen, estén detrás de él y lo movilicen.

Sin embargo, el niño que eligió responder dócilmente al exceso de coacción puede ser, en realidad, un opositor. ¿Cómo puede ser esto? Si usted está cooperando, ¿cómo puede estar resistiéndose? Una persona puede aprender a obedecer instrucciones dócilmente sin ningún tipo de resistencia. Si un padre, un hermano mayor o un maestro le ordena: "Salta", "Ordena tu habitación", "Entra" o le da cualquier otra indicación, la persona responde como un perro obediente y bien entrenado. La persona no cuestiona las órdenes por temor a perder el amor del que da las órdenes.

Este patrón de respuestas, que nace en la relación con los padres, se transfiere con mucha facilidad a otras personas significativas: un líder de grupos infantiles, un maestro de la escuela, un maestro de la Escuela Dominical, un jefe, etc. A menudo, estas personas significativas refuerzan el patrón de obediencia. Con su actitud, un maestro puede estar diciendo: "Me encanta tenerlo en mi clase. Nunca hay una sola palabra de insolencia. Siempre puedo contar con Juan. Uno le da algo que hacer, le dice cómo hacerlo y lo hace. Ojalá los demás fueran así. Cuando termina su tarea, se sienta y espera a que se le diga el siguiente paso. Hay momentos en que quisiera que pensara por sí mismo, pero creo que una persona no puede tenerlo todo".

La persona dócil puede vivir una vida llena de terror. Se siente perdida si no hay nadie que le diga qué hacer o cómo hacerlo. No puede iniciar nada por sí mismo, así que pasa su tiempo buscando algún tipo de estructura con tareas y límites bien definidos.

Pero ¿de qué manera se resiste al exceso de coacción? Su forma de resistencia es muy sutil. La persona dócil, en realidad, se resiste a sí misma. Se resiste al riesgo de aprender a guiar su propia vida. El hecho de ser dócil le ofrece seguridad. Por supuesto, esta seguridad se obtiene a costa de un precio muy alto, pero mientras haya alguien cuidándolo, la persona siente que ese precio vale la pena.

¿Es usted una persona dócil? ¿Es así como usted vive? ¿Ha considerado alguna vez cómo le afecta espiritualmente este tipo de vida? Quizás usted se encuentre inclinado hacia una iglesia dogmática y dictatorial. Puede que acepte lo que allí se enseña y se predica sin indagar por sí mismo las Escrituras. ¿Cómo sabe usted que lo que se le está enseñando es bíblicamente cierto? ¿Percibe a Dios como otra figura que requiere su obediencia? ¿Ha considerado el hecho de que él quiere que usted dependa menos de los demás y sea capaz de usar sus propias habilidades?

Dios no quiere que usted sea su títere. Él quiere que usted sea una persona fuerte e independiente que puede guiar su propia vida y que puede tomar decisiones por sí misma. Quizás haya necesitado que otros dirijan su vida cuando era niño, pero ahora ya no los necesita. Usted se está aferrando a un estilo de vida cómodo. Pero no necesita quedarse encerrado allí por el resto de su vida. ¡Hay una manera diferente de vivir!

El opositor activo

En vez de escoger una manera dócil de responder, puede que usted haya aprendido de niño a resistir en forma externa. No hay duda de que usted estaba consciente de algunos claros intentos de otras personas para coaccionarlo porque no les gustaba su resistencia. Esa coacción puede tomar la forma de retención de afecto y aprobación. Si usted deseaba desesperadamente afecto y aprobación, aunque fuera rebelde, quizás aprendió a obedecer, pero con un ardiente resentimiento.

A medida que usted crece, cada vez se opone más activamente a los esfuerzos de otra gente en controlar su vida. Esto crea verdaderas dificultades. Su reacción automática cuando alguien le da una sugerencia o directiva es irritarse y resistir. Pero, como adulto, se da cuenta de que hay ciertas consecuencias cuando se resiste, así que acaba aceptando la dirección. El resentimiento arde dentro de usted y puede estallar a través de ciertos comentarios o del sarcasmo.

Sus percepciones infantiles persisten en la edad adulta, y pueden hacer que aprecie mal las sugerencias y las interprete como amenazas. Cuando se vuelve rebelde por las supuestas amenazas, crea tensión y ansiedad. Cuando obedece, puede vivir con un constante deseo de venganza.

El opositor pasivo

El patrón de resistencia más común, sin embargo, es la persona pasivamente agresiva. Este tipo de oposición puede ser muy exitoso para el opositor, así como frustrante para la persona hacia la cual está dirigida. Los niños llevan a cabo la agresión pasiva con mucha sutileza. Un niño aprende rápidamente que la oposición pasiva es una manera excelente de causar frustración y enojo en la persona que le da órdenes. ¡Se convierte en una forma de control! Pero este patrón es, en realidad, una forma de parálisis. Un individuo que queda atrapado en este estilo de vida rara vez alcanza sus propias metas. No vive a la altura de sus capacidades.

La oposición pasiva toma muchas formas. *La más común es la de dejar las cosas para más adelante.* Un niño se demora y se atrasa. La frase que un padre o una madre escucha con más frecuencia es: "Espera un momento". Cuando se lo llama por segunda vez, el niño contesta: "Sí, ya voy", pero no se mueve. Si el niño se demora lo suficiente, su padre o su madre estalla de enojo y desaprobación.

Otra característica de la agresión pasiva es ser olvidadizo. Algunos niños (y adultos), sencillamente, se olvidan de lo que no quieren recordar (en realidad, la mayor parte de los olvidos es intencional, sean conscientes o inconscientes).

Algunas personas usan el silencio para resistir o alejar a otras personas. La persona que usa este mecanismo se siente poderosa y controladora. Si un cónyuge o un padre desea entablar una conversación, está perdido, porque la persona que no habla generalmente gana.

Otra forma de resistencia pasiva es no escuchar. Algunas personas, a través de sus actitudes, demuestran que no están escuchando. La persona menos descarada, no obstante, da la impresión de estar atenta a quien le habla, pero, en realidad, ha apagado un pequeño interruptor en su mente y no está registrando nada. Algunos son tan hábiles en esto que periódicamente dan algún tipo de respuesta verbal para engañar a la otra persona: "Oh, no", "Sí, por supuesto, querida". Sólo están de cuerpo presente, pero tienen la mente en otro lugar. Esta herramienta es un mecanismo de resistencia muy efectivo.

Ser impreciso en la comunicación es otra forma de resistir pasivamente. De este modo, el opositor pasivo no se compromete a nada y puede guardarse sus pensamientos, intenciones y sentimientos para sí mismo. El resultado es que hace a un lado a los demás.

El resultado de resistir

Los opositores que han sido excesivamente coaccionados nunca han aprendido a ser guiados internamente. Cuando llega el momento de tomar decisiones, ¿quién los guía? Bueno, ellos. Ellos responden a sus propias órdenes y obligaciones con resistencia pasiva. Si funcionó bien con otras personas, desgraciadamente, también funciona bien en contra de sí mismos. Las demoras, las distracciones y las postergaciones son parte de sus vidas. Cuanta más presión ejercen sobre sí mismos, más resistencia entra en juego. Se llenan de excusas hasta que llega una firme presión externa y entonces obedecen con desgano y resentimiento.

Un escritor que conozco ilustra este síndrome perfectamente. Cuando escribía, sus obras se vendían. Pero sus creaciones completas han sido tan pocas e infrecuentes que él y su familia apenas tienen lo suficiente para comer. Cada mañana, va hasta su habitación para crear. Sus intenciones son admirables. Se da aliento para enfatizar que ese día debe ser productivo y se pone como meta terminar medio artículo antes de la noche. Acomoda sus recursos, le saca punta a su lápiz, chequea la cinta de la máquina de escribir, se asegura de que haya papel y luego dice: "Ya estoy listo".

Pero entonces le parece que necesita una taza de café. Con la taza en mano, comienza a preguntarse si tiene suficientes ideas para el artículo que tiene que escribir. Quizás sería mejor trabajar en algunas ideas para otros artículos. Busca ideas en algunas revistas, luego las hace a un lado y se pone a mirar por la ventana, soñando despierto. Cuando llega la noche, ha avanzado muy poco. Puede seguir el mismo patrón durante tres o cuatro días.

Finalmente, una noche se frustra y se irrita con su familia. Esa noche determina que el día siguiente será distinto. Atacará el problema de la idea del artículo original y lo acabará por completo. En realidad, lo mueven el temor y la ansiedad, porque sus finanzas nuevamente se están viendo perjudicadas. Su esposa le da ánimo, pero él interpreta sus palabras como presión.

La resistencia pasiva puede surgir en muchas áreas de su vida. Incluso en su vida cristiana, puesto que su compromiso con una vida devocional consistente se verá saboteado una y otra vez. La convicción de saber que algunas de las cosas que está haciendo son contrarias a la vida cristiana lo llevará a prometer obediencia a las enseñanzas de la Palabra de Dios. Pero así como sucede en otros aspectos de su vida, usted se resistirá a esta promesa. Usted ve a Dios y su Palabra del mismo modo en que ve a todo el mundo.

Los matrimonios también sufren. Suponga que un hombre excesivamente coaccionado se casa con una mujer que no ha sido ni es coaccionada; de hecho, ella no es muy exigente. Sin embargo, esta esposa tiene en claro que es necesario llevar a cabo ciertas tareas normales de la vida diaria. El esposo, en cambio, se resiste a estas tareas postergándolas, olvidándose de ellas o simplemente abandonándolas. ¿Qué sucede con el tiempo? La esposa no exigente, que al principio no ejercía presión, se ve forzada a cumplir un rol coactivo a causa de la falta de participación de su pareja.

Ahora el esposo opositor pasivo tiene una persona real frente a la cual resistir. Su actitud ha creado otro padre. Esta esposa, que normalmente es tranquila, se ha convertido en una persona muy airada a causa de los incumplimientos y del comportamiento descuidado de su esposo. Él detesta la respuesta de ella hacia él, y comienza una verdadera guerra fría.

Otra manera en que un opositor pasivo resiste a su esposa es permaneciendo muchas horas lejos de su casa o involucrándose cada vez más en el trabajo. De hecho, las ausencias de su casa no son sólo una forma de resistencia sino que también funcionan como castigo y represalia.

El descubrimiento de que uno es un opositor es, para muchas personas, una verdadera sorpresa. La mayoría considera que su comportamiento no sigue este patrón. No todos los que muestran estas características han tenido padres excesivamente coactivos; el patrón se pudo haber desarrollado posteriormente, por medio de interacciones con otros. Pero la persona que ve la vida como un gigante coactivo probablemente haya sufrido exceso de coacción en su niñez. ¡Hay personas que incluso presentan resistencia frente a costumbres y tareas cotidianas normales! Aunque se espera que lleguen a tiempo a sus trabajos, que se sienten a comer a cierta hora, que cocinen, se casen, sean corteses o asuman responsabilidades acordes con sus capacidades, se rebelan constantemente de distintas maneras frente a cada eventualidad y, como consecuencia, se exponen a serios problemas.

¿Puede cambiar una persona opositora?

¿Hay alguna manera de escapar de esta prisión causada por la resistencia? Sí, pero requiere trabajo, puesto que la persona coaccionada debe desarrollar una nueva actitud y una nueva manera de responder a la vida.

El primer paso es identificar cuáles son las directivas u órdenes que está resistiendo. ¿Cuáles son? ¿Quién realmente las está dando? ¿Provienen en realidad estas órdenes de su cónyuge, sus amigos, su jefe o está usted proyectando sus propias reacciones frente a las responsabilidades cotidianas sobre ellos?

¿De dónde sacó la idea de que al seguir las órdenes o sugerencias de otros su vida está siendo controlada? ¿Alguna vez ha considerado el hecho de que usted aun está en control cuando elige obedecer? Tal vez haya creido que la única manera de tomar el control de su vida era resistir. ¡Sorpresa! ¡No lo es! Decir "sí" a una sugerencia o a una orden no le resta control sobre su vida. Es *usted* quien está decidiendo; es *usted* el que dice: *"Sí, elijo seguir esta pauta o sugerencia. Yo no me he entregado al control de ninguna otra persona. Yo sigo a cargo"*. Comprendo que este modo de pensar puede ser extraño para usted. Pero piénselo.

Otra cosa que hay que considerar es qué es lo que ha conseguido en tantos años de oposición. ¿Esta actitud lo está ayudando a lograr lo que quiere en la vida? ¿Vale la pena tanta falta de productividad y tantas complicaciones y dificultades? ¿Existe una mejor manera de vivir? No hay duda de que este patrón se ha vuelto muy cómodo para usted. Es automático y se requiere esfuerzo para romper con él. Pero se sentirá mucho mejor consigo mismo si se esfuerza en cambiar.

Otra cosa que debe considerar: quiere estar a cargo de su vida, pero ¿qué le parece, como adulto, permitir que lo guíe y controle el niño rebelde y opositor que tiene adentro? Este niño sigue reaccionando frente a las directivas de sus padres; aún escucha sus voces y órdenes cuando trata de darse ánimo. Además, se está resistiendo a sí mismo. Usted ha decidido cederle el control.

Use todos sus recursos para decir: "Sí, quiero resistir esta orden, pero se trata de algo que es necesario hacer. Puedo elegir hacerlo, y sé que me sentiré mejor al hacerlo. Ahora mismo voy a detenerme a orar para pedirle a Dios que me ayude a dejar mi patrón opositor y a dar un paso positivo hacia delante. Puedo hacer esto. Me ayudará a ser una persona más madura".

Parte de su oposición puede surgir en contra de lo que llamamos obligaciones. ¿Por qué no reem-

plazar esas obligaciones con deseos? Muchas de
las cosas que está resistiendo, probablemente,
sean aquellas que desearía hacer o sentiría la necesidad de hacer si no fuera porque otra persona le
dice que tiene que hacerlas. ¿Puede dejar que las
obligaciones se conviertan en deseos?

Una buena manera de lograr esto será completando el siguiente diagrama (ver Figura 4). Esto es,
si usted *quiere* hacerlo. Enumere todas las obligaciones del pasado y del presente que pueda recordar
en la columna de la izquierda. Indique con un aste-
risco aquellas que en la actualidad son un problema.
En la columna de la derecha conteste la pregunta:
"¿Por qué estoy resistiendo esto?".

Figura 4

Tengo que...	¿Por qué estoy resistiendo esto?

Ahora tome esta misma lista de obligaciones y
reescríbalas en forma de deseos (ver Figura 5). En
la columna de la derecha, escriba lo que cada uno
de estos deseos logrará en su vida.

Figura 5

Quiero	Esto logrará

Otra manera de romper con su patrón de resistencia es moverse hacia una vida de *firmeza positiva*. La firmeza positiva no es una actitud pasiva ni agresiva ni motivada por el enojo o el temor. Está motivada por una genuina preocupación por usted mismo y por los demás. La firmeza no se usa con el propósito de conseguir lo que uno quiere, sino para vivir de una manera libre y autónoma. No significa abrirse paso a los empujones.

La firmeza positiva empieza en su mente, es decir, en sus pensamientos, en su voz interior. Cuando usted se dice a sí mismo "tengo que" o "los demás esperan esto de mí", probablemente comience a resistirse. De hecho, podría llegar a pensar "ellos quieren que yo" o "esperan que yo", cuando en realidad no es así. Quizás haya desarrollado antenas ultrasensibles que están detectando interferencia y distorsión. Hay personas que esperan que usted responda de cierta manera. Pero cuando usted deja que actúe su voz interior, comienza a sentirse controlado y presionado; entonces se enciende su patrón automático de resistencia. La firmeza positiva comienza cuando usted quita de su mente la distorsión y los pensamientos opositores.

Describa en una hoja a cada una de las personas a quienes ha resistido o está resistiendo en la actualidad. ¿Qué fue lo que cada una de ellas hizo o hace que usted trata de resistir? Describa exactamente de qué modo usted resiste a cada una de estas personas, qué logra con su actitud y cómo evalúa los resultados obtenidos. ¿Qué espera que haga la otra persona cuando usted la resiste?

¿Qué teme que suceda si negociara un cambio frente a las demandas de la otra persona? ¿Qué pasaría si respondiera favorablemente a su pedido? ¿Alguna vez les ha preguntado a estas personas que usted resiste si entienden qué, por qué y de qué modo está usted resistiendo? Me pregunto qué pasaría si le pidieran algo y a la vez le dijeran: "Hazlo si quieres, no hay problema". ¿Cómo se sentiría usted? Si hubiera otra persona tan preocupada por su oposición como usted lo está, dígale que cuando le pida algo le dé la posibilidad de decidir su respuesta. Quizá se sorprenda de su reacción.

Ahora identifique a *una* persona a quien usted está resistiendo, produciendo en ella irritación y frustración. Indique la cuestión que usted está resistiendo y luego escriba tres declaraciones que estaría dispuesto a compartir verbalmente con esta persona. Su declaración debe indicar no sólo lo que no desea hacer, sino también lo que *usted* está dispuesto a hacer. Ofrezca alternativas positivas de una forma agradable y, muy probablemente, encuentre una respuesta agradable. Después de todo, no tiene gran cosa que perder, ¿verdad?

Quizás la gente que usted cree que está tratando de controlarlo, en realidad, sólo está tratando de animarlo y exhortarlo a crecer. ¿Qué podría suceder si considerara sus sugerencias? Todos necesitamos sugerencias, ayuda, ánimo, asistencia y guía de vez en cuando. Considere estas declaraciones bíblicas como sugerencias positivas, no como confinamientos limitadores: "El oído que atiende a la reprensión de la vida vivirá entre los sabios" (Prov. 15:31). "El que tiene en poco la disciplina menosprecia su vida, pero el que acepta la reprensión adquiere entendimiento" (Prov. 15:32). "El aceite y el perfume alegran el corazón; y la dulzura de un amigo, más que el consejo del alma" (Prov. 27:9).

El libro de Proverbios, versículo tras versículo, habla acerca de la fuente de sabiduría y guía para la vida, explica cómo tratar el consejo y la crítica, y señala las cualidades de la amistad y de las relaciones con los demás. Lea este libro; considérelo; aplíquelo. Está ahí para ayudarlo a resistir el patrón en el que se encuentra atrapado. Usted no tiene que dejar que la influencia de padres coactivos o de otras personas significativas de su pasado continúe robándole la paz que le prometió el Señor Jesucristo.

8

Venciendo el exceso de indulgencia

Un clamor de ayuda como este se escucha una y otra vez en mi oficina de consejería. "Soy cristiano desde hace mucho tiempo, pero aún estoy aburrido e inquieto. No parezco tener la paz y la satisfacción de la que hablan otros cristianos. Comienzo algo, pero mi interés está ausente. Hay algo que le hace falta a mi vida, pero no sé exactamente qué es. Me siento como un espectador que mira cómo pasa la vida. Me parece que los demás son los verdaderos protagonistas. A veces me siento paralizado e incapaz de participar. ¡Pero a la vez estoy inquieto! ¿Qué me sucede?".

Hay mucha gente aburrida e inquieta en nuestro mundo. ¿Quiénes son? ¿Por qué se sienten así? La persona que compartió estos sentimientos probablemente haya sido un niño excesivamente consentido[1]. Durante su infancia, sus padres se anticiparon a lo que creyeron que quería y necesitaba, y se lo dieron. No esperaban que su hijo se los dijera sino que, en cambio, le proveían todo lo que quería antes de que hiciera alguna petición. Con frecuencia, los padres sienten que la mejor manera de expresar el amor por sus hijos es por medio de un "derramamiento de bendiciones". El resultado es que el niño, en vez de dar a conocer sus necesidades, se vuelve muy pasivo, esperando que se le provean todas las cosas. Pero también se aburre y pierde el interés, porque se le ha dado demasiado. Sus padres, esperando que esté satisfecho, comienzan a sentirse amenazados por su falta de interés; así que le dan aún más para satisfacerlo, y así se alimenta el ciclo.

El exceso de indulgencia es muy perjudicial porque al niño se le niega la oportunidad de aprender a experimentar la satisfacción de sus propios esfuerzos. Se detiene su crecimiento porque se lo mantiene en un estado dependiente y pasivo. Desarrolla la idea de que en la vida siempre se le proveerá de lo que necesita. Descarta de inmediato a quienes no responden de esta manera. Se frustra porque no sabe cómo entretenerse o sustentarse.

Una persona excesivamente consentida no experimenta gozo real. En cambio, tiende a concentrarse en las experiencias malas o poco satisfactorias. Aunque la mayor parte de una experiencia pudo haber sido agradable, esta persona se enfoca en el pequeño porcentaje de insatisfacción restante. Por lo tanto, es insaciable. Este niño dependiente y pasivo se convierte en un adulto que espera que otros lo atiendan. Inconscientemente, establece un patrón de exigencia incesante que conduce a la insatisfacción, la avaricia y el egoísmo. Aun alcanzar el éxito no le satisface.

Una señal de madurez es la habilidad de fortalecerse y experimentar satisfacción de la fortaleza recibida de otros. Pero la persona excesivamente consentida no es capaz de gratificarse. Algunos parecen ser tan indefensos (y se aprovechan de esto) que dan la impresión de que se morirían de hambre si se los deja solos.

El temor del abandono es primordial en la mente de la persona que es excesivamente consentida. Algunos tienen fobia de estar solos. Y debido a que su dependencia tiende a aprovecharse de la fortaleza de otros, después de un tiempo, alejan a la gente. ¡Es difícil continuar ayudando a alguien que nunca está satisfecho! La dependencia impide que la persona desarrolle su potencial. La manera de pensar consciente o inconsciente de la persona probablemente sea esta: *¿Para qué hacerlo yo mismo, si puedo lograr que otro lo haga por mí?* ¡Compartir con otros no es de su interés! Esta persona tiene una habilidad inusual de envenenar relaciones y culpar a los demás de todas sus carencias. Su aislamiento emocional es resultado de su comportamiento, pero no aceptará este hecho.

Si la persona excesivamente consentida se ve forzada a valerse por sí misma, se vuelve preocupada e inquieta. Luego, cuando sí recibe algo de atención, su interés disminuye de inmediato, porque sólo puede satisfacerse recibiendo más y más atención.

Los cristianos excesivamente consentidos tienden a proyectar este patrón de vida sobre su cristianismo. Esperan que Dios sea para ellos un continuo dador de beneficios y bendiciones. Pueden buscar una iglesia que enfatiza el hecho de que Dios se deleita en dar y que todo lo que tenemos que hacer es sentarnos y estar a la expectativa. No les interesa escuchar enseñanzas que enfatizan el papel activo del creyente. Hacer hincapié en las obras y en dar a otros no es su tema favorito.

¿Por qué los padres consienten excesivamente a sus hijos?

¿Es usted un padre que tiende a consentir excesivamente a sus hijos? ¿Fue usted un niño excesivamente consentido? ¿Por qué un padre consiente excesivamente a un hijo? Existen varias razones.

Consentir excesivamente a otra persona puede ser una manera de *satisfacer las propias necesidades*. Algunos adultos tienen excesiva necesidad de dar afecto o de ser como una "madre" para otros. Esto, por supuesto, puede incluir el hecho de proteger a un hijo contra los ajustes normales de la vida que son necesarios para el desarrollo. Juana, una madre de unos 40 años, vino a mi oficina con sus dos hijos. Parecían de buena conducta pero se los veía infelices. Después de observar la interacción de Juana con ellos, ¡rápidamente me di cuenta del porqué de su apatía! Ella les decía dónde sentarse, cuándo y cómo sonarse la nariz, y hasta qué cara poner. Cuando yo les hacía preguntas, ella les ayudaba a contestar. Juana también hablaba de su gozo de poder ser una madre "buena y competente" para ellos.

El exceso de indulgencia puede ser *una manera de vivir* para algunas personas. Algunos padres son tan ricos que no tienen problema para dar y dar. Se consienten a sí mismos excesivamente y también lo hacen con los miembros de la familia, e incluso con otra gente, como una manera de vivir, y también como una manera de competir con otros amigos ricos.

Jorge nunca pasó tiempo con su único hijo. Estaba muy ocupado con su negocio. Pero a su hijo nunca le hizo falta nada. ¡Tenía hasta tres bicicletas a la vez!, y eran las más caras del mercado. Jorge hacía alarde acerca de lo bien que trataba a su hijo. A veces, Jorge se quedaba un poquito perplejo de que su hijo no fuera tan agradecido como él esperaba.

Algunos padres pueden consentir excesivamente a sus hijos *por culpa*. El padre que está cargado de culpa es un blanco excelente para el abuso de un niño o para sentir que debe colmarlo de atención. La culpa puede ser el resultado de la manipulación del niño, o puede surgir de su propio pasado o de una relación matrimonial insatisfactoria. Esta clase de persona puede aliviar su culpa consintiendo excesivamente a su hijo.

Daniela estaba muy enojada cuando entró en la oficina. Me miró y me dijo:

—Esa niña me trata como un trapo. Quiere esto, quiere aquello. Nada le parece suficiente.

Yo le pregunté:

—¿Qué sucede cuando usted le dice "no"?

—Lo intento, pero no puedo. Me abruma la culpa. Quiero que sea feliz y tenga lo que yo no tuve, pero no está funcionando.

La motivación por medio de la culpa cava una fosa cada vez más honda. No obstante, hay un grupo mayor de padres que consiente excesivamente a sus hijos. Son aquellos que vienen de un *trasfondo de privación*. He escuchado decir a estos padres una y otra vez: "Mi hijo no tendrá que arrastrarse por la vida como lo hice yo. Voy a hacer que las cosas sean fáciles para él". Pero este padre, en realidad, está intentando vivir su vida a través del niño. Está tratando de compensar las privaciones de su propia niñez viviendo indirectamente a través de su hijo. Otros continúan respondiendo al aburrimiento y la apatía del niño dándole aún más cosas. Algunos padres incluso se enojan con la falta de reacción del niño y consideran que el niño es ingrato. Pero, con el tiempo, el patrón de dar se fija cada vez más.

Los resultados de consentir excesivamente

¿Cómo se manifiesta el exceso de consentimiento en la vida de una persona? Veamos algunas de las características más comunes.

Leer la mente es un problema común entre las parejas casadas que trato en las consultas de consejería. Como dijo una esposa: "¿Por qué tengo que decirle cuáles son mis necesidades? Hemos estado casados desde hace 11 años y a estas alturas él ya debería saber cuáles son. ¡Él debería ser capaz de percibir lo que quiero! Decirle lo que necesito es quitarle romance a la relación. Él puede descubrirlas".

Declaraciones como estas son comunes ¡y frustrantes! La persona excesivamente consentida tiene mayor necesidad de hacer que otros lean su mente que el resto de la humanidad. Después de todo, sus padres leían sus mentes. No tenían que pedir casi nada porque sus padres respondían a cada uno de sus caprichos. ¿Por qué las cosas deberían ser distintas ahora? "Lee mi mente, anticipa y provee" es el lema de sus vidas ante sus amistades, el trabajo y el matrimonio.

Esperar que alguien les lea la mente implica ejercer una tremenda presión sobre la otra persona por varias razones. Por lo pronto, es imposible leer la mente de otra persona, no importa durante cuánto tiempo se haya vivido con ella. ¿Cómo puede cooperar si se le pide algo imposible? Y aun si lo intenta, todo lo que haga se basará en simples especulaciones. Sus intenciones pueden ser nobles, pero los resultados pueden ser desastrosos. Usted puede tratar de descubrir lo que quiere su esposa para la cena y, sobre la base de sus suposiciones, prepararle una comida fantástica. Pero aun así, ella puede responderle: "Bueno, debiste haber sabido que quería carne asada esta noche y no esta cosa". Algo así es devastador.

La vida para la persona excesivamente consentida está llena de obligaciones dirigidas hacia otros: "Deberías saber que quería esto". Y cuando alguien no lee su mente, la persona consentida siente que el otro no la ama, porque no está satisfaciendo sus necesidades de la manera en que lo hicieron sus padres.

Otra característica de la persona excesivamente consentida es su *incapacidad de hacer que otra gente se sienta bien*. Es más, con frecuencia intenta hacerlos sentir en deuda. Si ellos no responden como la persona consentida desea, los hará sentir egoístas o sin ningún valor. Un padre excesivamente consentido puede agradecer la visita de un hijo adulto y, al mismo tiempo, añadir que no viene tan seguido como debería.

En una relación matrimonial, la persona excesivamente consentida *no escucha*. El cónyuge tratará de dejar en claro lo que quiere, pero por alguna razón su palabra no penetra en el otro. En realidad, algunas parejas casadas repiten el mismo argumento durante años, sin una solución.

Si su esposa está *constantemente insatisfecha*, puede ser que sea una persona excesivamente consentida, puesto que estas personas no permanecen felices durante mucho tiempo. A veces, incluso, se quejan porque no se satisfacen sus necesidades. Tal vez su cónyuge lo culpe constantemente de ser la causa de su infelicidad; y si usted no consiente sus deseos, puede volverse en su contra. Su cónyuge quizás busque satisfacción en otro lado, y lo culpará a usted por ello.

La persona excesivamente consentida es muy exigente, pero a menudo exige pasivamente. Vive con cientos de expectativas ocultas, y si los demás no pueden leer su mente, se vuelven insensibles y faltos de amor.

¡Qué arreglo! Qué manera de lastimar una relación. Usted carga con las exigencias sobre sus hombros, pero no sabe ni siquiera cuáles son. Existen consecuencias negativas serias cuando tales exigencias se cargan sobre un cónyuge. El doctor Joseph Maxwell describe estas consecuencias:

La mayoría de nosotros no presta atención a las exigencias que ponemos sobre nuestro cónyuge provocando en él o ella ciertos rasgos o conductas. De lo que sí estamos conscientes es del sentimiento de enojo o fastidio que experimentamos cuando nuestras exigencias no son satisfechas. El sentimiento es tan fuerte, tan cierto, tan autónomo que no sólo lo consideramos justificado sino inevitable. Creemos que nuestra frustración es culpa de nuestro cónyuge y no de nuestra exigencia. Esto sucede porque vemos las fallas del otro, pero ignoramos la exigencia que provoca la falla.

La exigencia es una barrera extraordinaria para el crecimiento matrimonial. La persona que exige acostumbra a presentar cada situación como si fuera una catástrofe y pasa la mayor parte de su tiempo y energía compadeciéndose de sí misma. Esta clase de personas consume poca energía creativa planificando maneras de desarrollar la relación. Puesto que cada comportamiento de un cónyuge evoca necesariamente una conducta receptiva en el otro, la exigencia tendrá, por lo general, efectos significativos sobre las acciones y sentimientos en la persona exigida. En la mayoría de los casos, cuando alguien reacciona negativamente, la otra persona responde también con una conducta negativa, generándose un interminable ciclo de exigencias que anula el crecimiento y desarrollo de la relación.

Si uno solo de los cónyuges está dispuesto a abandonar sus exigencias hacia el otro, el ciclo no sólo puede romperse, sino que conduce hacia el fortalecimiento del matrimonio[2].

Ninguna persona puede adivinar lo que desea otra. La creencia de que una persona merece tener lo que quiere por el solo hecho de pedirlo es una idea generada en la infancia que mantendrá su vida atrofiada e inerte. Las fantasías infantiles que nunca han sido resueltas son grandes obstáculos para el desarrollo de una relación saludable y positiva. No obstante, si usted desea un matrimonio que reproduzca la relación entre padre e hijo, y satisface sus propias necesidades consintiendo excesivamente a su cónyuge, quizá se sienta satisfecho. Pero esta clase de relación no provee un matrimonio saludable y balanceado.

Con el tiempo, el cónyuge que carga con tantas exigencias tácitas y sutiles puede sentir que necesita abandonar la relación matrimonial. Se cansa de estar siempre dando y nunca recibiendo.

Formas de indulgencia

Es importante darse cuenta de que en un momento u otro todos nosotros nos consentimos, y esta indulgencia puede que no tenga nada que ver con nuestra niñez. Quizás busquemos un mejor trato que el que recibimos cuando fuimos niños porque reconocemos claramente el momento de nuestra niñez en que experimentamos esa falta. O quizás hemos desarrollado en la vida adulta un fuerte gusto por algún pasatiempo o interés y, en cierto modo, se ha convertido en nuestra "debilidad". Nos da verdadera satisfacción ir en pos de ese interés.

La persona que en verdad es excesivamente consentida, en cambio, no puede determinar con exactitud el momento de su pasado en que le hizo falta algo. Nada le resulta satisfactorio y siente que esa satisfacción no se logrará mediante su propio esfuerzo sino que es deber de otros. A menudo, nos referimos a esa gente como "engreída" o "egoísta"; palabras fuertes, pero precisas.

El doctor Hugh Missildine describe varias de las formas más comunes que puede tomar el exceso de indulgencia[3].

El alcohol puede ser una forma de indulgencia hacia uno mismo. Cuando una persona se siente aburrida y sola, los efectos del alcohol le ofrecen un camino fácil para vencer esos sentimientos desagradables. Pero esta dependencia conduce muy pronto hacia otras dificultades personales e interpersonales.

El manejo del dinero también puede ser una fuente de trauma continuo. Un niño crece sin saber cómo manejar el dinero y quizás no conoce su valor. Compra y se siente feliz, pero su felicidad se desvanece pronto y se aburre. Así que su respuesta inmediata es comprar más. Esta conducta se fija en la vida adulta. Si falta dinero en efectivo, ¿por qué no usar la tarjeta de crédito? Pero la insatisfacción sigue presente; y si no ha aprendido a aplicarse en la escuela o el trabajo, sus recursos económicos pueden ser limitados, así que se convierte en un amargado contra una sociedad que no responde a todos sus caprichos.

La ropa parece ser la forma favorita del exceso de indulgencia, más en las mujeres que en los hombres. La indulgencia no está limitada a las prendas de vestir sino a los accesorios, las joyas y el maquillaje. La racionalización es fácil: "¿Quién quiere dejar de estar a la moda?". Así se hacen compras constantes e innecesarias. Pero el gozo y el placer que producen estos artículos comprados se pierden con rapidez.

¿Y qué de la *comida*? Podríamos mencionar muchas causas que provocan excesos en la comida, pero el exceso de indulgencia es definitivamente una de ellas. Algunos niños quizás fueron demasiado consentidos en cuanto a la comida. Desarrollaron preferencias hacia ciertas comidas y fuerte rechazo hacia otras. Estas preferencias pasan fácilmente a la edad adulta. La comida se convierte en una manera excelente de ayudarnos a sentirnos mejor cuando estamos tristes.

El matrimonio sufre gran parte de las consecuencias del patrón del exceso de indulgencia. Un esposo excesivamente consentido que *no es capaz de tomar la iniciativa* tiene problemas para desarrollar una relación profunda e íntima con su esposa. La mayor parte de sus relaciones son superficiales, incluyendo su relación matrimonial. Siempre deja que otra persona lleve la carga. La causa de su infelicidad siempre está "por ahí", puesto que le hace falta perspicacia para darse cuenta de que el origen está en su propia persona. Culpa y más culpa. Él y su esposa comienzan a distanciarse, lo cual, probablemente, ya haya sucedido con otras de sus relaciones antes de casarse. La vida de soltero fue una constante decepción. Ahora esta decepción ocurre en su vida de casado. Algunos se casan y luego se divorcian buscando su felicidad, buscando un proveedor evasivo que en realidad es un fantasma desarrollado por sus necesidades incesantes. Cuando eso no funciona o cuando encuentran a alguien que tiene un "pozo generoso" de inmensa profundidad, pueden casarse otra vez. Pero, de cualquier modo, el aburrimiento y la idea de que su felicidad es responsabilidad del otro persisten.

Los adultos pasivos excesivamente consentidos se dan cuenta pronto de que para sobrevivir necesitarán aprender formas de responder y comportarse que les traerá lo que desean. Se vuelven muy hábiles para parecer necesitados de una manera que anima a otros a darles lo que quieren. Algunos se vuelven astutos para causar compasión por las cosas que les hacen falta. Pero, a diferencia de un verdadero estafador, no pueden llevar a cabo sus planes con inteligencia. Los estafadores tratan a sus víctimas haciéndoles creer que representan alguna buena causa. La persona excesivamente consentida, en cambio, muestra poco interés o preocupación por los que lo rodean. Hasta los más serviciales llegan a cansarse de que constantemente se espere que ellos sean quienes den sin recibir nada a cambio. Cuanto más dan, la persona consentida más pasiva se vuelve. Con el tiempo, ¡aleja a aquellos que le están dando lo que quiere!

¿Es usted una víctima del niño excesivamente consentido?

¿Cómo puede saber si un niño excesivamente consentido del pasado aún está controlando su vida? Si usted está de acuerdo con la siguiente creencia, sepa que está siendo controlado por ese niño: "Los demás deberían tomar la iniciativa y darme toda su atención sin que yo tenga que hacer nada, ni siquiera decirles lo que quiero y necesito.

No tengo la responsabilidad de satisfacer sus necesidades ni de mostrar interés en ellos como personas, ni de corresponderlos en nada".

Si le molesta cuando otras personas quieren que usted "asuma su responsabilidad", ¡entonces su patrón es el exceso de indulgencia! ¿Le resulta útil esta actitud? ¿Le está brindando felicidad y satisfacción?

Usted está usando su propia debilidad para controlar a otra gente. Todo el tiempo está transmitiendo este mensaje: "Necesito que ustedes me cuiden, y así espero que lo hagan". Al mostrarse indefenso y dependiente usted está queriendo hacer que los demás sean esclavos suyos. Pero la persona dependiente rápidamente se vuelve una carga para los demás. Hay una palabra anticuada para este tipo de patrón: *egoísta*. Y hay otro término que también se aplica a esta actitud: *narcisismo*.

La persona narcisista sólo se preocupa por sus propias necesidades. Cree que es tan especial que la vida debe girar alrededor de él. Siente que tiene derecho a cualquier cosa que lo haga feliz y espera favores especiales sin asumir responsabilidades recíprocas. Si los demás no responden, se sorprende y enoja. Se aprovecha de otros para consentir sus propios deseos o para lucir bien. No considera los derechos ni la integridad ajena, y no tiene empatía en lo más mínimo. No es capaz de reconocer cómo se sienten los demás, y no le gusta cuando sufren o están tristes. Su autoestima es frágil, aunque verdaderamente parece ser muy fuerte.

Podríamos resumir las necesidades y exigencias de la persona excesivamente consentida de la siguiente manera. La otra persona de la relación debe:

...ser exactamente lo que la persona excesivamente consentida quiere que sea en cualquier momento.

...no exigir nada y estar satisfecha con el vacío que crea la persona excesivamente consentida.

...anticipar sus deseos, carencias y anhelos leyendo su mente o "sabiendo" lo que quiere.

...no cambiar o crecer de maneras que le impidan satisfacer las necesidades de la persona excesivamente consentida.

Si hay un problema en la relación, siempre es culpa de la otra persona, que no tiene suficiente amor. Si la otra persona no satisface todas sus necesidades, es correcto buscar a otra que sí lo haga.

Usted puede cambiar

Si usted es una víctima de este niño de su pasado y quisiera pasar de la dependencia a la independencia, puede lograrlo. No será fácil, porque requiere un sincero deseo de cambiar y la incómoda experiencia de forzarse a actuar en contra de sus tendencias. Sin embargo, si usted está insatisfecho con su vida, existe una mejor manera de vivir. ¡Usted puede ser una persona más independiente! No tiene por qué seguir siendo egoísta y narcisista.

Tome una hoja, un lápiz y describa en detalle la relación que ahora tiene con su cónyuge o con cualquier otra persona cercana. Sea lo más específico que pueda, describiendo cómo usted habla de esta persona, cómo actúa con ella y cómo usa o depende de ella. Luego describa en detalle una relación totalmente distinta con esta persona. Visualícese como una persona fuerte y equilibrada, que puede recibir y puede dar. A medida que escribe, véase contento y satisfecho con esta nueva relación.

Ahora piense conmigo acerca de un nuevo estilo de vida. Vaya a una habitación y aíslese de todo lo que pudiera distraerlo. Asegúrese de desconectar el teléfono y de que las condiciones sean tales que nada pueda perturbarlo. Siéntese en una silla cómoda, respire hondo unas cuantas veces y deje salir todo el aire de una sola vez. Acepte la creencia de que ya no vive el tipo de vida que ha estado viviendo.

Visualice en su mente una vida en la que usted es capaz de dar y recibir, en la cual está satisfecho y contento. Véase realizando todas sus tareas, relaciones y participaciones actuales por sí mismo, dejando de ser una fuente de agotamiento para otros. Piense, en cambio, que usted es fuente de fortaleza para los demás.

Después de crear esta imagen, véase en una habitación con un ambiente agradable. Usted está cómodo y relajado. Alguien toca la puerta y usted se levanta a contestar. Al abrir la puerta, se sorprende y se alegra de encontrar a Jesús parado allí. Usted lo invita a pasar y él acepta. Jesús lo mira, sonríe y entonces dice: "Vine a compartir algo contigo, amigo mío. Eres una persona competente e independiente. Quiero que lo sepas y lo creas. Si me has colocado dentro de tu vida, entonces tienes más potencial y fortaleza de la que crees. Puedes dar a otros. Ya no tienes que vivir interesado en lo que puedan darte los demás. Quiero que des tu vida tomando de mi abundancia, la cual te he dado, y quiero que descubras todas las capacidades escondidas que he puesto en ti y que nunca has utilizado. Haz esto y descubrirás una vida nueva. Te quiero y te amo. Estoy a tu favor, y deseo que tú también lo estés".

Jesús se da vuelta y le sonríe mientras se va. Él lo ha afirmado. Ahora puede *vivir como persona afirmada.*

Cuando haya completado esta experiencia, tómese el tiempo necesario para escribir sus sentimientos. Tómese su tiempo para que puedan surgir los sentimientos y pensamientos. Cuando termine, describa por escrito el tipo de persona y de vida que ahora quiere vivir. Ore por una visión de servicio a los demás.

Aquí tenemos varias sugerencias prácticas a seguir para que usted tenga una estructura y un plan definitivo para llevar a cabo.

1. Si usted se encuentra regresando a su antiguo patrón de pensamiento y acción, repita su experiencia visual, incluyendo el ejercicio escrito. Lea y medite en los siguientes versículos: "Pero hágase todo decentemente y con orden" (1 Cor. 14:40). "¡Todo lo puedo en Cristo que me fortalece!" (Fil. 4:13). "Pero que la paciencia tenga su obra completa para que seáis completos y cabales, no quedando atrás

en nada" (Stg. 1:4). "Un mandamiento nuevo os doy: que os améis los unos a los otros. Como os he amado, amaos también vosotros los unos a los otros" (Juan 13:34). "Sobrellevad los unos las cargas de los otros y de esta manera cumpliréis la ley de Cristo" (Gál. 6:2). "Vosotros fuisteis llamados a libertad, hermanos; solamente que no uséis la libertad como pretexto para la carnalidad. Más bien, servíos los unos a los otros por medio del amor" (Gál. 5:13). "No hagáis nada por rivalidad ni por vanagloria, sino estimad humildemente a los demás como superiores a vosotros mismos" (Fil. 2:3).

2. Haga una lista completa de las áreas de su vida que le gustaría mejorar en relación con los demás. Continúe escribiendo hasta que la lista esté completa.

3. Haga otra lista con los nombres de las tres personas más cercanas a usted. ¿Cuáles son sus preocupaciones y necesidades? Si no está consciente de sus necesidades, pregúnteles cuáles son y cómo podría ministrarlos de mejor manera. Mantenga un registro de su servicio diario a los demás. No haga demandas o peticiones de ninguna índole.

Por dentro, a medida que hace estos ejercicios, usted podrá sentirse indefenso y ansioso. Pero, a su tiempo, estos sentimientos disminuirán y entonces descubrirá una satisfacción sólida y tranquila por el hecho de adquirir un nuevo estilo de vida. Tal vez usted encuentre a otras personas que voluntariamente comienzan a ministrarlo ¡de una nueva manera! ¿No sería emocionante? ¡Imagínese a otra persona tomando la iniciativa de amarlo y aceptarlo sin que usted tenga que insinuar, manipular, sugerir, gemir, quejarse o presionar! Qué diferencia cuando la gente comienza a responderle con sinceridad.

Quizás esto lleve días, semanas o meses, y ser paciente puede ser difícil. Pero, a su debido tiempo, su esfuerzo tendrá su recompensa. No establezca expectativas para la conducta de los demás. Todo esto es para *su* beneficio y desarrollo como verdadero hijo de Dios. Cuando sienta ganas de pedirle algo a alguien, reemplace ese deseo con este pensamiento: *¿Cómo puedo satisfacer las necesidades de esa persona?* Y, si puede, lleve a cabo la acción.

Si se encuentra regresando a su antiguo patrón de conducta, hágase las siguientes preguntas:

1. ¿Es esto lo que realmente quiero y lo que es mejor para mí?
2. ¿Qué voy a conseguir con esto?
3. ¿Por qué vuelvo a este antiguo patrón?
4. ¿Qué puedo hacer ahora para regresar a mi nueva forma de vivir?
5. ¿Qué puedo hacer la próxima vez para evitar retrocesos?

Escriba sus respuestas a estas preguntas. Quizás no desee hacerlo, porque poner por escrito estas cuestiones significa más presión para que usted cambie. ¡Así es! ¡Y eso es bueno!

Recuerde esto: sus necesidades ya se han satisfecho y cumplido. Quizás no se sienta satisfecho, pero debido a quién es Jesucristo y a lo que ha hecho, usted ha sido transformado en una persona completa. Su tarea es apropiarse de lo que él ya le ha dado.

¿Cómo se satisfacen sus necesidades?

¿Cómo se obtiene amor de los demás? Dirigiéndose hacia ellos, aunque esto signifique actuar en contra de su manera de sentir. En lugar de verse como un receptor interesado, usted se convierte en un dador. ¿Cómo? Aceptando la declaración de Dios acerca de quién es usted. Como lo dijo John Powell:

> Hay una necesidad tan fundamental y tan esencial que, si se satisface, todo lo demás casi con certeza armonizará con un sentido general de bienestar. Cuando esta necesidad está apropiadamente robustecida, todo el organismo humano será saludable y la persona estará feliz. Esta necesidad es una apreciación real y profunda de uno mismo, una genuina y gozosa aceptación propia, una auténtica autoestima, que resulta en una sensación interna de celebración. Es bueno ser yo... Soy muy feliz de ser yo[4].

"Pero", dice usted, "¿no es ese mi problema? ¿No tengo un concepto exagerado de mí mismo?". Piense: ¿es así o se ha estado engañando todos estos años? ¿Su dependencia no es una máscara con la

que usted oculta sus habilidades? Sólo podemos
dar a otros cuando tenemos una aceptación equilibrada de nosotros mismos. Esta aceptación
propia es un regalo de Dios. Su amor por nosotros
es un compromiso incondicional con personas im-
·perfectas. Cuando usted abandona sus sentimientos de incompetencia e impotencia y descubre que
puede cuidar de sí mismo, la necesidad de que
otros lo cuiden desaparecerá. Para lograr esto,
usted debe comenzar a servir a otros.

Abraham Maslow ha señalado cinco necesidades
básicas de la vida. Primero, nuestras *necesidades
físicas* —de aire, de agua, de alimento—, que deben
satisfacerse para subsistir. Segundo, la necesidad
de *protección, seguridad y libertad del peligro*. Para
algunos de nosotros, estas dos necesidades básicas
no son un gran problema, puesto que se satisfacen
a diario.

Pero las siguientes tres representan el lugar
donde nos quedamos atascados: la necesidad de
amor y pertenencia (ser querido, cuidado, escuchado, aceptado, entendido y valorado); la necesidad
de *autoestima* (de recibir atención, respeto, relevancia, valor, de lograr metas); y la necesidad de
realización propia (la habilidad de dar amor, *ágape*,
y de satisfacer el potencial o talento de uno).

Lawrence Crabb escribe:

> Una señal de madurez es la habilidad de dar y de
> satisfacer las necesidades de otros. Pero parece que
> para hacer esto debemos tener satisfechos los
> primeros cuatro niveles de necesidades. Como cris-
> tianos, usted y yo tenemos mayor oportunidad de
> que nuestras necesidades se satisfagan. Dios ha

prometido satisfacer todas las necesidades indicadas en la lista de Maslow. Dios ha satisfecho nuestras necesidades físicas. "Buscad primeramente el reino de Dios y su justicia, y todas estas cosas [refiriéndose al alimento, ropa, albergue] os serán añadidas" (Mat. 6:33). Dios ha satisfecho nuestra necesidad de saber que mañana serán satisfechas nuestras necesidades físicas. "Así que, no os afanéis por el día de mañana" (Mat. 6:34). "Por nada estéis afanosos; más bien, presentad vuestras peticiones delante de Dios... Mi Dios, pues, suplirá toda necesidad vuestra, conforme a sus riquezas en gloria en Cristo Jesús" (Fil. 4:6, 19). Dios ha satisfecho nuestra necesidad de seguridad (amor). "¿Quién nos separará del amor de Cristo?" (Rom. 8:35). "Pero Dios demuestra su amor para con nosotros, en que siendo aún pecadores [en nuestra peor condición, expuestos por lo que realmente somos, sin máscaras], Cristo murió por nosotros" (Rom. 5:8). Dios ha satisfecho nuestra necesidad de relevancia (propósito). "Porque para mí el vivir es Cristo, y el morir es ganancia" (Fil. 1:21). "Porque somos hechura de Dios, creados en Cristo Jesús para hacer las buenas obras que Dios preparó de antemano para que anduviésemos en ellas" (Efe. 2:10). "[Dios es] el que rescata del hoyo [derroche, despilfarro] tu vida" (Sal. 103:4).

En la medida que un cristiano cree en estos versículos, está libre de una vida egoísta, cuya única preocupación es saber si sus propias necesidades se han satisfecho o no, y es capaz de pasar a una verdadera realización propia, sabiendo (no necesariamente "sintiendo") que sus necesidades físicas serán satisfechas según los propósitos de Dios y que sus necesidades personales están perfectamente satisfechas ahora y para siempre. Creer esto bajo la tremenda presión del falso y mundano sistema de valores que nos invita a vivir por el dinero, el placer o la fama requiere un compromiso fuerte con la autoridad de las Escrituras.

Los cristianos nunca funcionan sobre la base de un déficit sino de la plenitud. Nuestras vidas deben ser una expresión de esa plenitud en adoración y servicio. Por lo tanto, me refiero a la motivación de una persona adecuadamente realizada como Motivación de Expresión. Sin embargo, la mayoría de nosotros siente un déficit y actúa sobre la base de formas diseñadas para llenar ese vacío. Una cosa es decir que podemos reclamar por fe que nuestras necesidades ya han sido satisfechas en Dios y, por lo tanto, vivir en una etapa avanzada de la Motivación de Expresión. Otra cosa es desenredarse exitosamente de la maraña pegajosa de la motivación del déficit[5].

Usted y yo no necesitamos funcionar sobre la base de un déficit. ¡Somos gente plena! Podemos tener el amor, la atención y la aceptación que queremos. Pero, a menudo, vamos en pos de ello en dirección opuesta. Conviértase en un protagonista y deje de ser espectador. Usted es amado. Responda a otros sobre la base de ese amor. Usted puede librarse del niño excesivamente consentido que tiene dentro; pero esa es una decisión solamente suya.

9

Sanando la parálisis emocional

Trabajo con mucha gente que está paraliza-
da e inmovilizada por el temor: temor de
tomar una decisión, temor de la desaprobación, temor de comprometerse, temor de no caer
bien a otras personas, y, el peor de los temores,
temor de romper el patrón de vida en el que están
atrapados.

La parálisis física es terrible, que su cuerpo no
pueda funcionar y responder a los mensajes de su
mente es muy frustrante. Pero es aún más frustrante cuando la parálisis es una limitación de la
mente y no del cuerpo. Hemos estado hablando de
áreas de debilidad en nuestra mente que nos atan
a nuestro pasado e impiden que maduremos. Todas estas cosas pueden ponernos bajo el control
del temor, y el temor nos paraliza para que no podamos hacer los cambios necesarios que nos con-
ducirán al crecimiento.

La Biblia nos dice acerca de un hombre que estaba paralizado en su mente (emocionalmente) y también en su cuerpo:

> Después de esto había una fiesta de los judíos, y Jesús subió a Jerusalén. En Jerusalén, junto a la puerta de las Ovejas, hay un estanque con cinco pórticos que en hebreo se llama Betesda. En estos yacía una multitud de enfermos, ciegos, cojos y paralíticos. Se encontraba allí cierto hombre que había estado enfermo durante treinta y ocho años. Cuando Jesús lo vio tendido y supo que ya había pasado tanto tiempo así, le preguntó:
> —¿Quieres ser sano?
> Le respondió el enfermo:
> —Señor, no tengo a nadie que me meta en el estanque cuando el agua es agitada; y mientras me muevo yo, otro desciende antes que yo.
> Jesús le dijo:
> —Levántate, toma tu cama y anda.
> Y en seguida el hombre fue sanado, tomó su cama y anduvo.
>
> Juan 5:1-9

El hombre de esta historia había estado paralizado durante 38 años. Permanecía echado al lado del estanque día tras día, esperando una manera de librarse de su aflicción. Debajo de este famoso estanque, que era lo suficientemente profundo como para que la gente nadara en él, había una corriente subterránea. De vez en cuando, la corriente subía y perturbaba las aguas del estanque. Los judíos creían que esa agitación era causada por un ángel y que la primera persona que entrara al estanque mientras sus aguas se agitaban sería sanada de cualquier enfermedad.

Cuando Jesús descubrió al cojo al lado del estanque, le hizo una de las preguntas más extrañas que haya en las Escrituras: "¿Quieres ser sano?". En otras palabras: "¿Quieres cambiar?". Supongo que el hombre se quedó sorprendido de que Jesús le preguntara algo tan evidente. ¿Acaso no entendía que lo habían traído al estanque día tras día, semana tras semana, año tras año para recibir sanidad? ¿No entendía Jesús que él le había pedido a persona tras persona que lo ayudara a entrar al estanque?

¿O Jesús sabía lo que *realmente* estaba pasando dentro de este hombre y por eso le hizo esa pregunta? Es posible que, después de tantos años de frustración en el mismo estado de parálisis, la impotencia del hombre se hubiera convertido en desesperanza. Quizás toda esperanza de sanidad había desaparecido, y en su lugar había una desesperación apagada. Su respuesta parece indicar que así fue, puesto que, en lugar de responder diciendo "Sí", le explicó al Señor el motivo por el cual no podía ser sano. Cumplía con lo que se esperaba de él cada día que intentaba entrar en el estanque, pero en su corazón creía que jamás tocaría el agua.

¿O quizás se sentía cómodo con el hecho de ser un inválido? Si se sanaba, tendría que asumir nuevas responsabilidades como, por ejemplo, buscar empleo. Muchos comenzarían a tener nueva expectativas sobre él.

Cualquiera haya sido la condición interna del hombre, Jesús le dijo exactamente qué hacer. En realidad, le pidió que hiciera algo imposible: levantarse, caminar y llevarse su lecho con él. Cuando Jesús dijo esto, el hombre confió ¡y se levantó! La atrofia de sus piernas desapareció e inmediatamente comenzó a caminar.

Considere la pregunta de Jesús para su propia vida: "¿Quieres ser sano? ¿Quieres caminar?". Cada uno de nosotros debe considerar esta pregunta detenidamente antes de contestar. El cambio tiene un precio. Hacer cualquier cambio significa abandonar lo que nos resulta familiar, aunque sea perjudicial. Habrá sufrimiento e incomodidad emocional. Las reacciones que la gente tiene hacia usted cambiarán, y algunas de estas reacciones pueden llegar a ser muy incómodas. Usted no puede predecir cómo lo van a tratar. Nuevas responsabilidades pueden convertirse en parte de su vida. La atención o compasión que recibía en el pasado ya no estará a su disposición. Expectativas mayores pueden estar aguardándolo.

El hombre del estanque descubrió casi inmediatamente que este cambio en su vida le iba a costar caro. Se metió en problemas con los líderes religiosos antes de tener tiempo de festejar su sanidad física y emocional. Fue sanado en un día de reposo, así que, cuando los judíos lo vieron cargando su lecho, le dijeron: "No te es lícito llevar tu cama" (Juan 5:10). Este era indudablemente el primero de muchos desafíos con los que este hombre se iba a encontrar como resultado de su nueva vida.

La decisión de apartarse de un estilo de vida paralizante es solamente suya; ninguna otra persona puede tomar esa decisión por usted. Pero, cuando la tome, comenzará a sentir la libertad de haberse desprendido de los efectos paralizantes del temor.

¿Cuáles son algunas de las formas en que el temor lo puede paralizar?

Ceder ante los demás

Una de las formas más comunes de parálisis es ser excesivamente sumiso o dócil. Este mal es evidente al ceder constantemente ante los pedidos o exigencias que los demás le hacen. Usted los trata con deferencia, cancelando sus propios sentimientos y deseos. A causa de su inseguridad personal y de las dudas que tiene sobre sí mismo, usted se ajusta continuamente a los deseos de otros. Cuestiona su propia habilidad y su capacidad de decisión. Quiere evitar conflictos y altercados. Con frecuencia, sus sentimientos se corresponden con el título de un famoso libro: *Cuando digo "no" me siento culpable*. Pero no existen motivos racionales para tener este sentimiento. Su patrón de conducta refleja, simplemente, su propia inseguridad en cuanto a sus capacidades. Y también refleja una fuerte necesidad de agradar y tener la aprobación de los que están a su alrededor, sean amigos o extraños.

Uno de mis pacientes describió con mucha claridad el patrón de su vida:

> Yo era el mayor de cinco hijos. A causa de esto, mis padres me asignaron más responsabilidades que a mis hermanos. Descubrí que podía agradar a mis padres y ganar su aprobación siendo bueno. Cualquier cosa que querían que yo hiciera, lo hacía.

Mientras los otros niños estaban jugando, yo estaba haciendo lo que mis padres me pedían y, además, les preguntaba de qué otras maneras podía ayudarlos. Continué con este patrón incluso durante la universidad. Me volví excesivamente riguroso con mi trabajo. Controlaba mi tiempo laboral con extremada precisión e incluso deducía media hora al día de mi tarjeta de asistencia para asegurarme que había dado a la compañía el tiempo correcto. Ahora tengo más trabajo y responsabilidades de las que puedo cargar porque no puedo decir "no" a ningún pedido. Tengo relaciones personales de las que me gustaría librarme, pero cedo a sus pedidos. Les digo que no, escribo cartas diciendo no, pero debido a que soy muy blando, y ellos lo saben, continúan con sus pedidos. Saben que cederé. ¡Me enojo tanto por dentro! Pero siempre sonrío y accedo. Estoy tan enojado conmigo que quiero hacer algo para cambiar; pero no puedo.

Buscar aprobación

Otro tipo de parálisis emocional se encuentra en aquellos que buscan constantemente la aprobación de otros. La búsqueda de aprobación jamás se satisface, debido a que esta necesidad es insaciable. Nunca es suficiente, nunca es permanente, nunca satisface. Para ganar la aceptación de los demás, la persona asume el rol de empleado o ayudante. Lleva a cabo cada tarea febrilmente, creando un ciclo de refuerzo positivo. Si ayuda a alguien y la persona ayudada responde afirmativamente, se siente valorada. Pero debido a que no se convence de su propio valor, el patrón de conducta se tiene que repetir. Esta clase de persona está influida más por el deseo de agradar a otros que por sus propios deseos. Es una víctima de sus sentimientos y necesidades. Pero esto, a su vez, genera un odio hacia sí misma porque se siente inferior a la persona que debería ser. Tiene tales temores y dudas interiores que necesita que el mensaje de aprobación y aceptación se repita una y otra vez. Es como un disco rayado que repite el mensaje que la persona, realmente, nunca puede creer. Si lo creyera, podría apagarlo.

La conformidad, el hecho de someterse a otros, en el momento apropiado y con el fin apropiado es importante. Pero someterse a otros para buscar su aprobación es una forma de parálisis. Los que hacen esto creen que la manera de agradarse es agradar a los demás. Tienen la falsa creencia de que "tener la aprobación de otros me dará la imagen satisfactoria y positiva que necesito en mi vida". El doctor William Knaus dice que "embriagarse con la admiración de los demás da como resultado una borrachera emocional"[1].

Todos deseamos aprobación en varios niveles. Algunos buscan aprobación a cualquier precio. Otros parecen no depender de ella, pero cuando sienten una fuerte necesidad de aprobación, tienden a convertirse en esclavos de su propia urgencia. Comienzan a estar tan dominados por esta búsqueda que pierden la perspectiva en las otras áreas de su vida. La gimnasia mental se convierte en la esencia de su vida. Estas personas llevan a cabo un interminable debate interior: *¿Debería decirlo de esta manera o de esta otra? ¿Debería sonreír o no? Me pregunto si debería esperar hasta que todos los demás estén sentados antes de entrar* *o si debería entrar ahora. Me pregunto lo que pensará si digo esto. ¡Vaya! No me gustaría quedar como un estúpido. No estoy seguro de que deba decir algo ahora. ¡O quizás sí!*

Tratar de predecir lo que otros van a pensar o sentir acerca de usted es un ejercicio inútil. Estos debates internos le impiden expresar ideas u opiniones que pueden ser diferentes de las de otras personas. Por lo tanto, usted termina dando la apariencia de ser una persona cohibida o de no tener nada que decir. Su temor lo detiene. Una vez más, usted regresa a su parálisis.

Sin embargo, no todos responden a esta necesidad callándose. Para ganar aprobación, algunos se vuelven difusos en sus opiniones conformándose a las creencias de otros. Ceden constantemente a los pedidos, creencias o directivas de otros. Se venden hasta al enemigo, lo cual les crea un continuo conflicto. Se detestan por no aferrarse a sus propias opiniones, estándares y creencias. No obstante, la necesidad de aprobación anula sus deseos de estar firme.

¿Pero logra este tipo de persona la aprobación que busca? ¿Consigue un alto concepto de los demás? ¿O deja la impresión de que no tiene agallas, opiniones ni estándares? ¿No genera la imagen de alguien a quien "se lo puede engañar para que haga lo que quiero que haga"? ¿Genera respeto o falta de respeto? ¿Es visto como alguien para pisotear o como alguien con fortaleza interna?

Ser el "buen tipo"

Actuar de manera débil y pasivamente es una forma de buscar aprobación. Pero hay otras formas como, por ejemplo, convertirse en el "buen tipo" o la "buena chica". El "buen tipo" hace favores y es excesivamente amigable. No le parece mal resentirse contra quienes se están aprovechando de él. En realidad, la otra persona sólo le está tomando la palabra. Debido a que acostumbra a hacer favores a los demás y acostumbra a decir "sí" a todos, el "buen tipo" puede encontrarse abrumado por las obligaciones. Por esto, se demora en hacer lo que promete. Nadie puede hacer todo lo que él se compromete a hacer, y su resentimiento bloquea su deseo de actuar. Entonces comienza a crear la imagen de ser alguien que deja todo para más tarde; y los demás se preguntan qué le pasa. Incluso pueden llegar a enojarse porque no completa las cosas. Ahora, ¿dónde está la aprobación que estaba buscando?

La mayor parte de la desaprobación que tememos ¡no va a suceder! Es sólo una preocupación infundada. Tememos lo peor, así que nos convertimos en personas que demoran sus decisiones y acciones externas e internas.

Evitar los contactos sociales

Lo contrario al "buen tipo" es la persona que evita todos los contactos sociales. Cuando alguien tiene dificultades para relacionarse con los demás, decimos que es tímido, pero generalmente esta dificultad no nace de la timidez sino del temor. Esta tendencia es, en muchos casos, una forma de retraimiento aprendida durante la niñez.

En contraste con la persona que está buscando constantemente aprobación, la persona tímida espera ser rechazada. Para ella, las reuniones sociales son experiencias terribles.

La gente tímida sufre bajo esta creencia: "La gente es mi enemiga. Andan por ahí merodeando, esperando que yo me relacione. ¿Y por qué no van a rechazarme? No soy tan inteligente, atractivo o elocuente como ellos. Si me conocen, lo echaré todo a perder como siempre". Sus propias autoevaluaciones negativas, que proyecta sobre los demás, inhiben su respuesta.

El doctor William Knaus ha sugerido que los tímidos conviven con una cantidad de mitos. Estos mitos son creencias con bases falsas, que surgen como racionalizaciones erradas.

El mito de la *primera impresión* es la creencia de que si no se da una perfecta impresión la primera vez que se conoce a alguien, el resultado será desastroso. Usted no se anima a conocer a otras personas porque no está seguro de que va a causar una buena impresión.

El mito de la *persona perfectamente elocuente* es la creencia de que si no se es sumamente habilidoso en la comunicación verbal, es mejor no hablar con nadie.

Otro mito muy frecuente es el de la *perfecta expresión de apertura*. "Si supiera cómo iniciar una conversación de la manera apropiada, lo haría". Esta es una forma segura de evitar dar inicio a las conversaciones.

El mito de la *preparación perfecta* sugiere que uno no debe hablar cuando se está frente a un grupo de gente, a menos que sea muy versado en lo que quiera decir, sea sobre política, revistas, literatura o cualquier otro asunto. Si no se está al día en todo, usted va a estar en desventaja.

La importancia de estar *cómodo y relajado* en un grupo antes de abrirse es otro mito que impide que la gente tenga contacto personal.

También está el mito del *salvador*, es decir, la esperanza de que otra persona lo protegerá y rescatará, y que se va a encargar de todo en su vida por usted.

Un mito muy reforzado por la publicidad y la televisión es la creencia de que, para tener éxito social, usted tiene que ser el *corazón de la fiesta*. Usted debe ser libre, abierto, expresivo, feliz, divertido, informal y todo aquello que sea necesario para liderar al grupo[2].

¿A quién trata de agradar? ¿Está buscando la aprobación y la aceptación en forma tan desespe rada que se está vendiendo a otros a cambio de unas cuantas palabras de elogio? ¿Se da cuenta de que usted está paralizado?

Cómo recoger su cama y caminar

¿Le gustaría desarrollar la habilidad de expresar sus propios pensamientos y sentimientos abiertamente? ¿Le gustaría poder decir "no" y seguir sintiéndose cómodo? ¿Le gustaría expresar sus desacuerdos sin ponerse nervioso? ¿Le gustaría poder compartir sentimientos amistosos y positivos sin preocuparse demasiado por la aprobación de los demás?

Hay esperanza para el paralítico interno y externo. Pero, primero, considere estas preguntas:

¿Está satisfecho y feliz con su vida y sus circunstancias actuales?

¿Estaría dispuesto a considerar la posibilidad de conducirse de manera distinta?

¿Está viviendo su vida de acuerdo con sus posibilidades humanas o de acuerdo con la abundancia de la fortaleza interna y la sabiduría que Dios ha puesto a su disposición por medio de Jesucristo y el ministerio del Espíritu Santo?

¿Qué es lo peor que podría sucederle si probara cualquiera de las sugerencias y no funcionaran? Si tiene temor de la desaprobación, ya está viviendo una situación de rechazo. Si usted cree que otros lo van a rechazar, ¿cuál sería la diferencia con su situación actual? Creo que se sorprendería. Las siguientes sugerencias van a sonar aterradoras, ridículas y hasta ajenas a cualquier cosa que haya pensado hacer. Pero todo lo que se requiere es que, de cada 10 experiencias, sólo una sea exitosa para estar mejor que ahora. Las probabilidades no son tan malas. Pero es su decisión. ¿Por qué no creer en usted como Dios lo hace?

Si busca demasiado la aprobación: ¿Le parece bien decir "no" sin dar explicaciones? Si no es así, practique decir "no" unas cuantas veces. Vaya a una tienda, mire una determinada cantidad de artículos que estén en oferta y no compre ninguno. Solamente diga: "No, gracias".

¿Qué hay de malo en decir "no" o "quizás"? ¿Por

qué está bien decir "sí", cuando por dentro usted no quiere decir "sí"?

Escriba por lo menos tres cambios positivos que le gustaría ver en la conducta de otros hacia usted. Considérelos de manera muy positiva, como algo que apreciaría que ellos hicieran.

Diga "no", o "déjeme pensar en eso", por lo menos tres veces durante esta semana.

Si usted siempre es el primero en ofrecerse como voluntario, el primero en llegar o el último en irse para poder ayudar, dé marcha atrás a su respuesta usual. Dé a otra persona la oportunidad de servir.

Si siempre trata de ser ingenioso o de contar chistes para ganarse la aprobación o la atención de los demás, deténgase. Permita que otros se encarguen de la diversión y la conversación.

Devuelva un artículo a una tienda que sea famosa por no recibirlos. Si hace falta, pídale a un amigo que lo acompañe.

Cambie algunas de sus típicas maneras de responder. Si siempre anda sonriendo por la oficina, aparezca más serio. Cambie su estilo de vestir. Si se viste para llamar la atención, baje de tono. Si se viste para quedar bien, use algo sólido y colorido. Si tiende a dar su opinión primero, pídales a otros que den la suya. Si tiende a no compartir su opinión hasta saber lo que otros creen o sienten, comparta la suya primero.

Si está teniendo problemas con la timidez y el temor al rechazo: Identifique cuáles son sus mitos. ¿Con qué frecuencia se repite esas declaraciones? Haga una lista. Escriba su desafío.

A medida que visualiza todo esto, tome cada uno de los mitos y visualícese interactuando con otros como si no creyera en sus mitos. Imagínese en una interacción exitosa y sintiéndose bien con usted mismo.

Cada día salude a tres personas que no conoce. Pregunte por lo menos una vez al día a un extraño qué hora es. Haga estos ejercicios hasta que se sienta cómodo. Mantenga contacto visual con otros mientras les habla.

Si tiene temor de ir solo a una tienda o de comer solo en un restaurante, enfrente este temor yendo solo. Cuando esté allí, sea amigable con la mesera y hágale dos o tres preguntas que demuestren su interés en ella como persona.

Use un distintivo con un significado que deba ser explicado para que tenga sentido. Invente uno usted mismo. Se sorprenderá de la cantidad de gente que le preguntará lo que significa.

Estas sugerencias parecen espantosas, pero practicarlas en su mente o verbalmente con un amigo reduce el temor. ¿Por qué no empezar a actuar presuponiendo que los demás lo van a aceptar? ¡La mayoría lo hará!

Es posible convertirse en una persona firme, diestra socialmente y capaz de compartir y dejar de ser alguien que retiene todo por dentro. Ser firme es más que compartir quejas o ser insistente de una manera apropiada. Es la habilidad de experimentar su propio potencial y fortaleza. Implica expresar abiertamente sus propios pensamientos y sentimientos, incluyendo el cariño, el afecto, las esperanzas y los temores. Es la seguridad tranquila de ser capaz de decir "no" sin retener por dentro los pensamientos y sentimientos. Esto establece relaciones duraderas, saludables y positivas.

¿Es usted firme? ¿Cuánto? Use las siguientes preguntas para determinar su nivel de firmeza.

Cuestionario acerca de la firmeza

La columna A, que encontrará en la siguiente página, indica la frecuencia de su firmeza.

Indique con qué frecuencia ocurrió cada uno de los siguientes sucesos marcando en la columna A de acuerdo con la siguiente escala:

1. Esto no ha sucedido en los últimos 30 días.
2. Esto ha sucedido unas cuantas veces (1 a 6 veces) en los últimos 30 días.
3. Esto ha sucedido con frecuencia (7 veces o más) en los últimos 30 días.

La columna B indica cómo se siente con respecto a su firmeza.

Indique cómo se siente con respecto a cada uno de estos sucesos marcando en la columna B de acuerdo con la siguiente escala:

1. Me sentí muy incómodo o alterado cuando sucedió esto.
2. Me sentí algo incómodo o alterado cuando sucedió esto.
3. Me sentí neutral cuando sucedió esto (ni cómodo ni incómodo).

4. Me sentí bastante cómodo o bastante bien cuando sucedió esto.
5. Me sentí muy cómodo o muy bien cuando sucedió esto.

Importante: Si un suceso no ha ocurrido durante el mes pasado, entonces póngale el puntaje con que lo calificaría si hubiera ocurrido. Si un suceso ocurrió más de una vez durante el mes pasado, póngale un puntaje que represente un promedio.

	A	B
1. Decir "no" cuando me pidieron prestado mi automóvil.		
2. Pedirle un favor a alguien.		
3. Resistir la presión de vendedores.		
4. Admitir el temor y pedir consideración.		
5. Decirle a una persona con la que estoy íntimamente involucrado que ha dicho o hecho algo que me molesta.		
6. Admitir no saber nada en un área que está siendo discutida.		
7. Decir "no" cuando me pidieron prestado dinero.		
8. Callar a un amigo hablador.		
9. Pedir crítica constructiva.		
10. Pedir que me aclaren algo que no entiendo.		
11. Preguntar si he ofendido a alguien.		
12. Decirle a una persona del sexo opuesto que me gusta.		
13. Decirle a una persona del mismo sexo que me gusta.		
14. Pedir un servicio esperado cuando no se ha ofrecido (por ejemplo, en un restaurante).		

A   **B**

15. Discutir abiertamente con una persona su crítica de mi conducta.
16. Devolver artículos defectuosos (por ejemplo, en una tienda o restaurante).
17. Expresar una opinión distinta a la de la persona con la que estoy hablando.
18. Decirle a alguien cómo me siento si él o ella ha hecho algo que es injusto conmigo.
19. Rechazar una invitación social de alguien que en lo particular no me gusta.
20. Resistir la presión de beber.
21. Resistir una exigencia injusta de una persona que es importante para mí.
22. Pedir la devolución de artículos prestados.
23. Decirle a un amigo o compañero de trabajo que dice o hace algo que me molesta.
24. Pedirle a una persona que me está fastidiando en público que se detenga (por ejemplo, que deje de fumar en el autobús).
25. Criticar a un amigo.
26. Criticar a mi esposa.
27. Pedirle a alguien ayuda o consejo.
28. Expresar mi amor a alguien.
29. Pedir algo prestado.
30. Dar mi opinión cuando un grupo está discutiendo un tema importante.
31. Tomar una posición firme sobre un asunto controversial.
32. Cuando dos amigos discuten, apoyar a aquel con quien estoy de acuerdo.

	A	B

33. Expresar mi opinión a alguien que no conozco muy bien.

34. Interrumpir a alguien para pedirle que repita algo que no escuché claramente.

35. Contradecir a alguien aun cuando pienso que podría lastimarlo.

36. Decirle a alguien que él o ella me ha decepcionado.

37. Pedirle a alguien que me deje en paz.

38. Decirle a un amigo o compañero de trabajo que ha hecho un buen trabajo.

39. Decirle a alguien que hizo una buena observación en una discusión.

40. Decirle a alguien que he disfrutado al hablar con él o ella.

41. Halagar a alguien por su habilidad o creatividad[3].

Cuando comience a compartir más de sí mismo, haga una lista de lo que le parece que necesita hacer y quiere hacer. Aquí tenemos una lista hecha por una mujer.

1. Decirle a mi esposo con voz calmada que estoy alterada por algo que no hizo por mí la semana pasada.

2. Dejar que mi líder de estudio bíblico sepa que me gustaría que no me llame las siguientes dos semanas mientras preparo mis respuestas y resuelvo cómo tratar con esas preguntas.

3. Cuando estoy con otra gente, dejo que otros escojan lo que haremos o el lugar a donde iremos. Me gustaría expresar mi preferencia.

4. Poder decir "no" de inmediato a los que piden algo por teléfono.
5. Decirle a mis vecinos que su perro ladra toda la noche cuando lo dejan solo.
6. Poder decir "no" a los vendedores agresivos sin darles ninguna razón.
7. Saludar por lo menos a tres personas cuando participo de un grupo. Hacer que uno de ellos participe en la conversación.

A medida que usted empiece a hacer esto, es importante que considere cómo asignar un puntaje a sus sentimientos de comodidad (en la escala del 1 al 5) y a su habilidad (en la escala del 1 al 5). Un puntaje de 1 significa muy incómodo y no muy habilidoso. Un puntaje de 3 significa un término medio, y un puntaje de 5 significa muy cómodo y muy habilidoso. Hay un buen motivo para mantener un registro de su conducta: le da la oportunidad de ver cómo cambia su conducta en un lapso de tiempo.

La mejor manera de romper sus viejos patrones y desarrollar la confianza y habilidad necesarias para su nueva respuesta a la vida es practicar *imágenes de destreza social*. Esto es algo que puede lograr en la privacidad de su propia mente. Puede probar varias respuestas y refinarlas. Puede cometer internamente todos los errores que quiera. Nadie va a saber de su proceso de refinamiento. Puede crear cualquier tipo de situación en su cabeza.

Tome una o dos de las verdaderas situaciones de la lista que acaba de hacer. Elija las dos más fáciles o las dos que posiblemente ocurran más próximamente. Esto le ayudará a estar mejor preparado para aquellas situaciones que tienen mayores posibilidades de suceder. Cuando comience sus sesiones de práctica imaginaria, pase por lo menos 15 minutos al día en ello. Tenga sus sesiones de práctica en una habitación libre de interrupciones. Acostarse en la cama o en el sofá de la sala puede funcionar con usted. Desconecte el teléfono, asegúrese de que el televisor esté apagado y, si es necesario, ponga un letrero en la puerta que diga "No molestar". Especialmente al inicio de este nuevo método, se necesita crear un ambiente de práctica que sea silencioso.

Seleccione una de sus preocupaciones personales, cierre sus ojos e imagine una escena real. Trate de imaginarse el lugar, la persona que está allí, dónde se encuentra usted en la escena, lo que usted y otros tenían puesto, y otros detalles que completen la situación. Imagine los acontecimientos que lo llevaron a ese momento, que será el momento en que usted comenzará a comportarse de una manera nueva. Haga una fotografía mental de la situación, como si fuera una situación real. Ahora conviértala en una cinta de video. Imagine lo que cada persona está haciendo y diciendo. Imagine su nueva conducta lo más claro que pueda. Véase haciendo y diciendo lo que quisiera y lo que le haría sentirse bien.

Esté seguro de visualizarse hablando y comportándose con confianza y sin vacilación. Usted tiene el control de la situación y nada puede ser ofensivo para nadie. Véase respondiendo de forma tal que, cuando haya concluido, usted esté muy satisfecho consigo mismo. No tiene que ser una producción monumental; puede ser breve y simple.

Mientras hace esto, imagine que siente el toque de una mano sobre su hombro. No necesita mirar para ver quién lo está tocando de esa manera. Usted se da cuenta que Jesucristo está junto a usted en todo momento. Él está allí, cuidándolo, amándolo y dándole su apoyo y fortaleza. Usted está aprendiendo a responder de manera distinta, no sólo sobre la base de su fortaleza y habilidad sino por medio del poder y la presencia de Jesús. Él cree en la habilidad que le ha dado para lograr esto. Él quiere que usted sea una nueva persona, que desarrolle el potencial que Dios le ha dado y que sea más efectivo para la causa de Cristo.

Ahora imagine qué ocurre después de que usted haya expresado lo que quería. ¿Qué dicen y hacen las otras personas? Imagine los efectos positivos de su nueva conducta y no regrese a su patrón inquietante y negativo que siempre anticipa lo peor. De vez en cuando, puede imaginarse que otros no responden como le gustaría, porque ocasionalmente no lo harán. Pero esto no va a ser tan grave como usted teme. En realidad, usted no está tratando de cambiar la conducta de otras personas; usted está aprendiendo a enfrentar situaciones por sí mismo de una manera positiva.

Una vez que ha completado la escena, retroceda y ponga en marcha la película nuevamente. Esta vez, cambie algunos de los detalles. Quizás quiera cambiar un poco sus comentarios o alterar lo que conduce a la situación. Repita esta acción varias veces y cámbiela de vez en cuando. Muestre siempre en su cinta de video qué es lo que produce su nueva conducta positiva y satisfactoria, y la respuesta (generalmente positiva) que usted recibe de parte de otros.

Aquí tenemos un ejemplo de una joven universitaria que estaba preocupada por su falta de interacción con otros universitarios de su iglesia. Ella llegaba a sus reuniones unos minutos tarde, lo cual le permitía evitar la interacción con otros. Si llegaba temprano, se iba a una esquina de la sala y se aislaba. Aquí tenemos una sinopsis de la secuencia.

PRIMERA SECUENCIA:

Fotografía: Estoy en la reunión de jóvenes universitarios de mi iglesia. He llegado temprano y hay como 25 personas en la sala. Algunos de ellos están hablando en grupos; otros están de pie y hablando en grupos de a dos. Unos cuantos están parados sin hacer nada.

Película o cinta de video: Me veo caminando en la sala. Algunos se fijan en mí y me miran. Otros están ensimismados en sus propias conversaciones. Un par de personas me saludan, pero continúan conversando con otros. Camino un poco más lejos, me siento un poquito ansiosa y vacilante, pero decido acercarme a alguien para conversar.

Interacción social: Me acerco a otras dos chicas y les digo: "Hola. Las he visto en un par de clases en la universidad y también las veo aquí en la iglesia. Parece que tenemos un par de cosas en común. Me estaba preguntando si les gustaría salir a tomar un café después de la clase". Respuesta: "Tienes razón. Nos estamos encontrando seguido. ¿Por qué no te sientas aquí? Hay una silla extra. La idea de salir a tomar café me parece magnífica. Salí de casa muy temprano y no tuve tiempo de tomar nada. Gracias por preguntar". Siento la mano sobre mi hombro mientras comienzo a relacionarme con otros, y me doy cuenta de que no lo estoy haciendo sobre la base de mi propia fuerza. Visualizo a Jesús de pie junto a mí.

Ahora tomemos una de las situaciones de la lista de la mujer que quería decirle a su esposo que ella estaba un poco alterada por algo que él no hizo la semana anterior.

Fotografía: Usted está con su esposo. Están sentados en la sala después de cenar. La televisión está apagada. Es un momento agradable. Ambos están un poco cansados después de un día atareado, y se están relajando.

Película o cinta de video: Usted se ve en la misma situación, y ahora está entrando en una conversación acerca de los acontecimientos del día. Usted habla de unas cuantas cosas concernientes a la casa. Hasta el momento, no ha habido conflicto ni discusión, y los dos están disfrutando de la charla. Usted está pensando en compartir con él lo que ocurrió la semana anterior. Está un poquito ansiosa, pero lo puede compartir adecuadamente. Así que comienza.

Interacción social: "Cariño, la semana pasada mencionaste que ibas a limpiar una parte del garaje para que yo pudiera usarla como depósito. Estaba contando con ello antes del fin de semana, pero de algún modo no se hizo. Me sentí un poquito decepcionada, pero aún me gustaría que lo hicieras. ¿Me podrías dar una fecha exacta de cuando podrías hacer esa limpieza?". Mientras hace esto, imagine la mano de Jesucristo sobre su hombro, apoyándola y dándole fortaleza.

Respuesta: Su esposo parece estar algo sorprendido y luego se da un manotazo en la frente. "¡Ay! Tienes razón. Me olvidé por completo de hacer eso. La verdad es que no me causa ningún entusiasmo. Pero dije que lo haría y sé que es importante para ti. Sí, lo tendré listo el sábado a la noche, ¿está bien? Ah, y gracias por recordármelo".

Para ayudarle a aprender el arte de producir imágenes visuales, quizás quiera intentar hacer esto primero por escrito, para tener una idea de cómo es. Usted no tiene que escribir un libro entero, pero asegúrese de que las imágenes principales, las palabras y las secuencias estén ahí. Si se siente satisfecho con su producción de escenas, establezca una fecha para practicar esta semana, por lo menos 15 minutos al día. Use dos de las situaciones de su lista personal. Hágalo durante una semana.

La práctica de imágenes le dará las destrezas que está buscando y lo ayudará a creer más en sus propias capacidades. Naturalmente, el siguiente paso será probar sus destrezas en el mundo real. Quizás se sienta ansioso, incómodo y avergonzado. Otórguese el permiso de sentirse así. Esto es normal. Cuanto más sepa expresarse, más entenderá que este nuevo método ¡es el nuevo usted! No espere que una situación ocurra por casualidad, en cambio, planifique oportunidades para que usted sea más activo socialmente. Trate de acomodar las que presentan la menor cantidad de riesgo y tienen la mayor oportunidad de éxito. Ensaye de la manera más completa que pueda. No planifique la perfección, esto impide su progreso. Crecimiento y progreso gradual serán pasos importantes para usted.

Después de haber practicado varias situaciones durante dos semanas, repase su hoja de puntaje de comodidad y destreza, y vuélvase a evaluar. Si se siente cómodo con su progreso, sus sesiones de práctica de imágenes se pueden llevar a cabo en prácticamente cualquier lugar. Lo puede hacer mientras está en el automóvil, el autobús o incluso durante un período de descanso en el trabajo. Aprender a ser flexible y espontáneo con este nuevo método le dará un mayor grado de confianza. Antes de que pase mucho tiempo, podrá responder positivamente en el preciso momento en que ocurran las situaciones imaginadas.

No tiene que quedarse paralizado a causa de uno de esos hábitos de su pasado. Algunas parálisis físicas, como la causada por la polio o una lesión en la médula ósea, ofrecen pocas esperanzas de recuperación. Sin embargo, la parálisis causada por el temor, la inseguridad y una abrumadora necesidad de aprobacion puede ser sanada. Usted puede, como el paralítico en el estanque, levantarse, caminar y llevar su lecho, el simbolo de su impotencia, con usted. ¿Por qué cree que Jesús le dijo que tomara su cama con él? ¿Le estaría diciendo que ya no la iba a necesitar? Era un recordatorio de su vida pasada, y Jesús estaba diciendole: "Llévatela, porque ya no la necesitas". Así estaba impidiendo que el hombre sufriera una recaída. Es muy fácil dudar de la permanencia del cambio en nuestras vidas. Queremos mantenernos aferrados a nuestro sistema de soporte del pasado.

El hombre podría haber preguntado: "¿Y qué si me despierto mañana y otra vez no puedo caminar? ¿Y qué si esto no dura? Será mejor que me prepare, en caso de que quede paralítico nuevamente".

Jesús estaba diciendo: "Tu pasado se fue, y debes vivir lo nuevo de la vida que te he dado".

La parálisis emocional no es un mal permanente; puede ser curada. Usted no sólo podrá caminar, lo hará sin cojear. Puede guardar sus muletas y su cama si deja que Jesucristo le enseñe a caminar.

10

Tratando sus heridas

A lo largo de este libro, usted ha descubierto el equipaje innecesario con el que carga y ha comenzado el proceso de volverse a educar y de crecer rumbo a la libertad. Pero ¿qué sucede cuando las heridas emocionales aún parecen impedir el progreso? Veamos unas cuantas de ellas que pueden interferir en la trayectoria de su vida.

Identificando las heridas

Generalmente, pensamos en las heridas como algo propio de las guerras o de las peleas. Nos imaginamos soldados arrastrándose por el suelo o moviéndose con dificultad. Las heridas nos limitan. Disminuyen nuestras capacidades. Pero sanarán si se tratan correctamente.

Algunas de estas heridas emocionales incluyen el desánimo, la sensación de fracaso, la desesperación, el dolor, la culpa, el rechazo y la conmiseración. Quienes sufren a causa de heridas emocionales pueden reaccionar de una de cuatro maneras:

1. Bloqueando y reprimiendo las emociones, y tratando de racionalizar las experiencias.
2. Viviendo siempre afectados por las emociones y siendo excesivamente sensibles.
3. Volviéndose desconfiados o paranoicos.
4. Viviendo constantemente con tristeza o depresión.

Con frecuencia, una persona que ha sido herida emocionalmente manifiesta sus heridas en soledad. Durante su niñez, una de las primeras cosas que usted debió aprender fue a confiar en los demás. La confianza era esencial porque, como niño, dependía completamente de otros para satisfacer sus necesidades básicas; esa era la única manera de sobrevivir. Pero si los encargados de cuidarlo no fueron amorosos o dignos de confianza y eran inconsistentes en la forma en que lo cuidaban, usted se fue volviendo cada vez más cauteloso con ellos. Poco a poco, se convenció de que no sólo no se podía confiar en otras personas sino que, en verdad, ellas estaban al acecho para hacerlo tropezar. Aprendió a ser cuidadoso y, en última instancia, desconfiado. Se convirtió en una persona solitaria.

La soledad es una prisión. Usted puede estar rodeado por otras personas, pero aun así se siente solo. Se aparta de los demás deliberadamente y, de esta manera, se aísla emocionalmente. Se vuelve desconfiado. No puede aceptar a otros completamente. Cuando su cercanía e intimidad se vuelven demasiado amenazantes, usted escoge el aislamiento como el menor de los males; y, por supuesto, usted culpa a los demás por su aislamiento. Pero es su falta de confianza lo que lo impulsó al aislamiento.

El Salmo 142:4 describe gráficamente el sentir de una persona solitaria: "Miro a la derecha y observo, y no hay quien me reconozca. No tengo refugio; no hay quien se preocupe por mi vida". La soledad es más que sentirse separado, abandonado y desterrado de la compañía de los demás, también es una falla en el proceso de dar y recibir en un nivel emocional entre las personas. La soledad es, frecuentemente, ocasionada por uno mismo. Es un estado de herida continua.

Reprimiendo las emociones

Una de las formas de aislamiento y soledad es el bloqueo de nuestras emociones y sentimientos. Los sentimientos nos permiten tener conciencia de que estamos vivos. Constituyen nuestra reacción ante el mundo que nos rodea. Si no tenemos conciencia de nuestros sentimientos, tenemos poca interacción con la vida.

Para reprimir los sentimientos, algunas personas recurren al intelecto. Los pensamientos son menos dolorosos que los sentimientos. No confían en los sentimientos porque los sentimientos pueden ser muy inestables. Las heridas emocionales son mayores que las intelectuales y vacían nuestra esperanza y energía.

Así que aprenden a protegerse con sus mentes, se vuelven temerosos y se retraen de los demás. Su capacidad de dar y recibir amor es limitada. Se vuelven más exigentes y más desconfiados. Algunas personas tienen tan cerrada su mente que nunca se han permitido liberar ciertas emociones. La mente de una persona puede llegar a impedirle que sienta admiración, amor, paz, gozo o ternura.

Siendo excesivamente sensibles

Tener madurez emocional significa reconocer y aceptar lo que ha sucedido en su vida sin tratar de culpar a otros o de lamentar su pasado. Significa vivir en el presente y continuar moviéndose hacia delante. Muchas veces, la edad cronológica de una persona no corresponde con su edad emocional. Una persona que fue afirmada en la niñez tiene más facilidad para llegar a ser emocionalmente madura. Si usted no fue afirmado de niño, tendrá que esforzarse más para alcanzar la madurez emocional.

La falta de afirmación durante su niñez le impide desarrollar un sentido real de su propia valía, lo cual, a su vez, hace que sienta temor y sea desconfiado. Usted tiene dificultad para abrirse al mundo que lo rodea. Incluso tiene dificultad para abrirse frente a Dios. Sus emociones permanecen atrofiadas porque no recibieron la alimentación adecuada cuando era niño. Por eso, es muy sensible o emocionalmente cerrado. Ambas cualidades son heridas.

La persona excesivamente sensible, que vive sobre la base de sus emociones, elige una vida de incertidumbre. Sus emociones le producen dudas. Se pregunta siempre por los pensamientos, sentimientos y reacciones de los demás. Trata de verificar lo que las personas piensan y sienten acerca de ella, pero aun cuando los demás la afirman como una persona de valor, mantiene dudas persistentemente.

La falta de certeza interior deriva en una búsqueda de seguridad y afirmación constante. La persona excesivamente sensible lleva sus emociones debajo de la manga. Se lastima con facilidad. Hasta una simple diferencia de opiniones puede conducirla al desconcierto o la depresión. Está constantemente alienada y aislada de los demás. Sus sentimientos actuales están influidos por el sentir de los recuerdos del pasado.

Si el dolor del pasado no se ha resuelto, no puede vivir con plenitud los sentimientos del presente. Desgraciadamente, en nuestro intento de bloquear el dolor del pasado, también bloqueamos los placeres del pasado. Aunque si bien es cierto que podemos tener recuerdos negativos, también tenemos recuerdos positivos que no deberían invalidarse. Los recuerdos positivos crean al optimista que tenemos dentro; los recuerdos negativos hacen brotar al pesimista.

En los primeros siglos, quienes debían dinero y no podían pagar sus cuentas eran encarcelados. Desgraciadamente, este acto castigaba al deudor y también al acreedor, puesto que, mientras el deudor estaba en la cárcel, no podía ganar dinero para pagar su deuda.

Muchos de nosotros vivimos en una cárcel de

deudores. En tanto que las deudas emocionales del pasado sigan existiendo, el interés se acumula y la deuda crece. Si continuamos pasando por la vida sin estar dispuestos a confiar y amar por temor de las pérdidas y del dolor, la vida se vuelve cada vez más estrecha y cargada de deudas. Cuando finalmente somos capaces de arriesgarnos a amar y cuando nace la confianza, la vida se vuelve más feliz y satisfactoria.

De vez en cuando, todos sufrimos a causa de deudas emocionales. Quedamos atrapados por ciertos sentimientos interiores y bloqueamos nuestra capacidad de sentir. Pero en la medida que construimos un muro alrededor de nuestros sentimientos, más restringimos nuestras capacidades emocionales. El dolor es parte de la vida. La decepción es parte de la vida. El rechazo es parte de la vida. Vivimos en un mundo imperfecto, entonces ¿por qué debemos esperar tanta consistencia de los demás?

Cancelar la deuda emocional implica aceptarse a sí mismo y aceptar a otros con todos sus defectos. Significa acercarse, tratar y confiar. Si usted está cuidando su vida emocional, está bajo continuo estrés y está privándose de vivir la vida como realmente es. Usted no sólo necesita pensar; necesita *sentir*, no importa cuán terribles hayan sido sus experiencias pasadas. Una persona desconfiada vive con temor constante. Vive como si tuviera un permanente murmullo en sus oídos que le recuerda que debe ser cautelosa y precavida.

¿De qué tiene temor? ¿Es realmente el temor lo que lo mantiene tan cerrado al mundo o es otra cosa? ¿Qué es lo peor que le podría suceder si les da espacio a sus sentimientos? ¿Sería peor de lo que está experimentando ahora? Si está solo, comparta sus sentimientos con alguien. Si está herido, hágaselo saber a otros. Si está enojado, dígalo de manera positiva. Si está triste, dígaselo a alguien. Si quiere vivir la vida en el presente con esperanza en el futuro, acepte lo que sucedió en el pasado, puesto que ya no se puede cambiar.

Volviéndose desconfiado

La habilidad de confiar implica la posibilidad de desarrollar relaciones profundas. Pero para muchos, hoy en día, se hace difícil confiar en los demás. *Desconfianza* es la palabra clave de su vida. Si alguien no confía en los demás, es porque se siente vulnerable. El temor se transforma en una especie de fiebre permanente. En su forma extrema, es una enfermedad que le hace creer que alguien puede estar observándolo, que usted no le cae bien a otros, que su esposa se preocupa más por otra gente que por usted.

La desconfianza tiene distintos niveles, que van desde la creencia de que los demás quieren engañarlo hasta la idea obsesiva de que hay quienes pueden leer su mente. La puerta de la oficina del jefe está cerrada y usted está completamente seguro de que está hablando con otro acerca de usted. Un amigo se calla cuando lo ve llegar, y usted piensa de inmediato que lo estaba criticando. Otros tres empleados están riéndose mientras almuerzan, y usted sabe de quién se están riendo.

Si tiende a ser desconfiado, usted mira el mundo con una expectativa fija y preocupante. Busca en cada pequeña situación una confirmación de esa expectativa. Se le hace difícil abandonar su sospecha o su conducta basada en la desconfianza. Los argumentos racionales realmente no ayudan; y, a menudo, si alguien trata de hacerlo desistir de sus ideas, también comienza a desconfiar de esa persona.

Una persona desconfiada no ignora la información ni los hechos. Los examina con mucho cuidado, pero con prejuicio. Su inteligencia, entusiasmo y agudeza de atención no están basados en un juicio realista sino que son instrumentos de parcialidad. Tiene una atención aguda y estrecha en sus relaciones.

Volverse excesivamente desconfiado no es algo que ocurre de la noche a la mañana. Las semillas de esta respuesta a la vida fueron plantadas, probablemente, durante una edad temprana, y usted no sólo está segando esa cosecha sino que está plantando una mayor. Cada vez que actúa sobre la base de la desconfianza, puede llegar a sentir cierto alivio, pero fortalece el poder que esa desconfianza tiene sobre usted.

La desconfianza extrema se relaciona con la idea de que usted se halla en peligro. Produce una especial preocupación respecto de algo que posee, y usted se vuelve muy vulnerable en cuanto a ello. Puede llegar a creer que la razón del peligro se halla en algún defecto suyo, real o aparente. Debido a esta estructura mental que se construye a partir de la desconfianza, es muy fácil actuar sobre la base de los sentimientos. Cada vez que actúa obedeciendo la voz del temor, usted refuerza ese temor.

La desconfianza excesiva se puede ver, por ejemplo, al verificar más de una vez que las puertas estén con llave, al mirar alrededor para ver si alguien está observándolo, al romper un sobre que acaba de sellar para saber si firmó su cheque, al volver a entrar a la casa para ver si apagó la estufa, al chequear su billetera varias veces mientras está de compras para asegurarse de que todavía está allí. El hecho de ser cuidadoso puede ser muy útil, pero la persona excesivamente desconfiada comete actos *injustificados* de autoprotección.

El aire de sospecha se extiende a nuestros defectos imaginarios. El doctor George Weinberg cuenta la historia de un hombre que se postuló para un empleo en una compañía publicitaria. Pero no fue completamente veraz acerca de su experiencia pasada. Dijo que había escrito un eslogan para una exitosa campaña publicitaria. En realidad, lo único que había hecho era transcribir el eslogan en una máquina de escribir. Temía que no accedería a ese importante trabajo a menos que la compañía quedara impresionada con sus antecedentes. Realmente quería el trabajo. Sus problemas surgieron del pecado y el temor que había creado su mente.

La compañía, efectivamente, quedó impresionada con su solicitud y le otorgó el puesto. Pero el hombre, luego, comenzó a preguntarse por qué lo habían contratado. ¿Fue debido a su habilidad, a sus referencias o por haber escrito el eslogan del exitoso anuncio publicitario? ¿No había logrado este nuevo trabajo a causa de esa mentira? Eso significaba que, si en la compañía descubrían la mentira, le podrían aguardar verdaderos problemas. Este era el mejor trabajo que jamás había tenido. Estaba bien pagado, sus amigos estaban impresionados y tenía la oportunidad de mudarse a una mejor casa.

A medida que su desconfianza creció, se sintió cada vez más incómodo. ¿Y si su jefe lo descubría? ¿Qué tal si su jefe empezaba a cuestionar su rendimiento? Seguramente, esperaría un trabajo de alta calidad, como el que supuestamente había producido en su empleo anterior. Cada día que iba a trabajar, sentía temor de que se descubriera lo que realmente era: un fraude.

Su mentira original comenzó a dirigir sus actividades en el trabajo. Debido a que estaba preocupado de que lo despidieran, llegaba temprano, no almorzaba, se quedaba hasta tarde y trabajaba más duro que los demás. Halagaba a sus superiores. Cada cosa que hacía para proteger su trabajo reforzaba sus tendencias excesivamente desconfiadas y su temor, ya que creía que hacer lo mejor que podía no sería suficiente para mantener su puesto de trabajo.

La mentira extendió su dominio y su mente comenzó a trabajar tiempo extra. ¿Y si su jefe se comunicaba con alguna persona de su empleo anterior? ¿Y si alguien a quien no le caía bien en su trabajo anterior llamaba a su jefe para hablar de él? Cada vez que el jefe recibía una llamada telefónica o leía una carta y miraba en dirección a su mesa de trabajo, su estómago se revolvía. ¡Estaba seguro de que otras personas estaban diciéndole a su jefe que había mentido! Su desconfianza lo llevó a quedarse después de su horario de trabajo para revisar el correo de su jefe y saber si alguien le había escrito acerca de él. Le preguntaba a la secretaria de su jefe si había recibido llamadas relacionadas con él. No obstante, ninguna de estas acciones resultó suficiente. Sólo aumentaron su temor y su desconfianza[1].

Cuando usted actúa en base a un temor injustificado, los intentos por anular ese temor no sólo son infructuosos sino que fortalecen la creencia de que usted debe tomar nuevas y mayores precauciones. El hecho de ser una persona excesivamente desconfiada, en realidad, hace las cosas cada vez más difíciles. Usted deja que su mente establezca un falso concepto de la vida. Ese patrón de vida, que tuvo su origen hace años, lo controla y lo domina.

El hecho de ser paranoico o desconfiado lo paraliza, pero usted *puede* cambiar. Si está listo para admitir que este es su patrón y que esa no es la mejor manera de vivir, aquí está lo que hay que hacer.

Antes que nada, cuando se encuentre haciendo algo para protegerse, deténgase inmediatamente. Trate de determinar lo que está tratando de lograr con su acción. ¿Cuál es su objetivo? ¿Lo está alcanzando? ¿Se siente mejor o peor? ¿Cómo se sentirá en unos cuantos días u horas? ¿Son sus temores menores o mayores? Si es honesto, probablemente dirá que sus conductas no lo ayudan. ¿Por qué? Porque cada conducta refuerza su creencia de que estos comportamientos son realmente necesarios.

Segundo, deténgase *antes* de continuar con su comportamiento. Si ha estado revisando las cerraduras de su casa o tratando de averiguar lo que la gente piensa de usted, deténgase antes de completar la acción. ¿Cómo se siente? Al negar su impulso básico, usted ocasiona su crecimiento. Este método se llama magnificación. Aclarará su temor. Preste atención a todos sus pensamientos y sentimientos. Deje que salgan a la superficie. Escríbalos para poder enfrentarlos directamente.

El propósito de estas dos sugerencias es encontrar las conductas que refuerzan sus temores y dejar de llevarlas a cabo. Esto, en verdad, debilita su impulso de comportarse de esta manera y debilitará su tendencia a pensar desconfiadamente. Pero, al principio, es probable que se sienta peor y trate de convencerse de actuar en base a su impulso. *No* va a perder lo que teme perder. Está preocupándose, y su interpretación de lo que está a punto de suceder no está basada en hechos reales. Es un viejo mensaje de su historia antigua que aún está operando en usted.

Aquí tiene pasos adicionales que puede seguir para ayudarlo a reconocer el comportamiento que en realidad refuerza su tendencia a ser desconfiado.

1. Frente a sus amigos y familiares de confianza, no oculte sentimientos por temor de arruinar sus relaciones. Si se siente tentado a ocultarle a la otra persona sus verdaderos sentimientos, no lo haga. Eso simplemente hará que el problema parezca más grande. Usted

comenzará a cuestionarse cuál es la profundidad de una relación que conduce al temor de ser descubierto. Muchos cristianos ocultan a otros cristianos su depresión, porque temen no ser aceptados.

2. No pida afirmación a los demás. Si no está seguro de su relación o amistad, no pregunte si usted cayó bien o si lo aceptaron. Si actúa siguiendo este impulso, sólo hará que este impulso crezca y no logrará que desaparezca. Si usted pregunta, ¿piensa que realmente va a aumentar su sentido de afirmación?

3. No acuse a los demás de tener pensamientos negativos hacia usted. Esta creencia lo volverá aún más desconfiado.

4. No trate de corregir la conducta de la gente. Al hacerlo, está mostrando su temor de lo que la gente podría hacerle. Si le dice a un amigo: "No te olvides de comprarme un regalo de Navidad" o "No te enojes conmigo", está prejuzgando acerca de lo que la otra persona va o no va a hacer. Está pensando lo peor y tratando de corregir lo peor antes de que suceda. Confíe en otros en lugar de tratar de controlar su conducta o de vigilarlos.

5. Si usted siente fuertes deseos de obtener información inmediata, resista ese impulso. Si se pregunta por el significado de algún comentario en particular que haya hecho alguno de sus amigos, no llame para pedirle explicaciones. Si su jefe le dice que quiere discutir algo con usted mañana, no lo moleste para averiguar de qué se trata. Deje que las

cosas sigan su curso y comprenda que usted puede funcionar sin tener todas las respuestas. Si puede dejar de tratar de controlar tanto su vida, puede empezar a confiar y a responder de manera diferente ante lo que lo rodea[2].

Todos nosotros tenemos heridas. Algunas son visibles y otras no. Vi recientemente un noticiero que presentó la vida de un joven. Había nacido con brazos y manos deformados y le faltaba una pierna debajo de una de sus rodillas. Estas heridas permanentes pudieron haber limitado fácilmente su vida y sus experiencias. Sin embargo, había ganado docenas de trofeos y premios por su habilidad de jugar tenis, y ahora es entrenador de ese deporte. Este muchacho da conferencias a grandes grupos de jóvenes por todo su país de origen. Cuando compartió su vida ante un grupo, lo escuché decir: "Todos somos discapacitados. La única diferencia es que ustedes pueden ver mi discapacidad, y yo no puedo ver la suya". Su discapacidad no lo limitó. Las discapacidades ocultas, sin embargo, sí nos limitan. Encararlas, compartirlas y tratarlas nos abre las puertas hacia un nuevo comienzo.

Viviendo con depresión

Otro tipo de herida que necesitamos discutir es la depresión. Algunas personas están en constante estado de tristeza. Visitas ocasionales a este campo son normales y dan profundidad y equilibrio a nuestras vidas. La tristeza puede ayudar a que nos volvamos más pensativos, serios, considerados y agradecidos, y nos da un nuevo propósito para vivir la vida al máximo. Pero la tristeza constante quita la luz y el placer a la vida. La pérdida causa tristeza, y la tristeza puede transformarse en depresión.

A través de los años, he aprendido a tratar un tipo particular de pérdida. Nuestro hijo Matthew tiene retraso mental profundo. Cronológicamente hablando tiene 17 años de edad, pero mentalmente tiene unos 15 meses. Hemos aprendido bastante acerca de nosotros, acerca de la vida y de la fidelidad de Dios al tener a Matthew. Lo entendemos y aceptamos por lo que significa su nombre: "Regalo de Dios". Pero en nuestra odisea con Matthew aún hay momentos ocasionales en los que sentimos profundamente su dificultad y la nuestra.

Recientemente, me reuní con un amigo para jugar un partido de tenis, temprano en la mañana. Él me contó que había llevado a su hijo de ocio años a pasar una noche de campamento. Durmieron en una carpa, prepararon su desayuno en el fuego y jugaron juntos en el riachuelo. Mientras me contaba los detalles de este viaje, compartiendo su entusiasmo y deleite, parte de mí estaba feliz por él y otra parte estaba muy incómoda. Incluso llegué a pensar: *ojalá dejase de contarme esto.*

De pronto, me di cuenta de lo que me estaba sucediendo. Estaba sintiendo nuevamente la sensación de pérdida. Deseaba haber tenido esas experiencias con mi hijo, pero sabía que nunca sería así. El tiempo ha pasado y nunca volverá. Jamás he podido, ni podré, compartir una experiencia así con Matthew, debido a sus capacidades limitadas. Experimenté la sensación de pérdida una vez más, y una tristeza me invadió todo el día. Pero fue una experiencia que Dios usó una vez más, cuando la compartí con un paciente que necesitaba que yo lo ayudara a comenzar a sentir y a vivir. También compartí esto con Joyce, mi esposa, y fue un momento que nos acercó. La tristeza se fue al día siguiente, y yo había cambiado a causa de esa breve experiencia. Ahora es uno de los recuerdos que forman mi pasado, pero que le da un significado más íntimo y mayor profundidad a la vida.

La gente herida es gente triste o gente deprimida; y esta tristeza o depresión pueden volver a crear y controlar su visión, puesto que la depresión distorsiona nuestra percepción de la vida.

Cada uno de nosotros percibe la vida sobre la base de nuestra acumulación de experiencias, porque nuestros recuerdos siempre están con nosotros. Nuestras percepciones se producen automáticamente, y creemos que lo que percibimos es el mundo real.

El padre Richard F. Berg y Christine McCartney describen nuestra habilidad de percibir como si fuera una cámara de fotografía. Los fotógrafos pueden alterar la imagen de la realidad a través del uso de lentes o filtros. Por lo tanto, lo que registra la cámara no siempre es una imagen precisa del mundo. Un lente angular ofrece un panorama mucho más amplio, pero los objetos aparecen mucho más distantes y más pequeños. Un lente de acercamiento ofrece una vista mucho más selectiva de la vida. Se puede enfocar en una flor hermosa, pero al mismo tiempo elimina el resto del jardín. Un lente normal captará gente feliz y sonriente, pero vista a través de otro lente, esa misma gente se vuelve distorsionada y poco real. Los filtros pueden empañar la realidad, dividir imágenes en diversas partes, oscurecer una toma iluminada e incluso crear neblina.

Así como sucede con los lentes y los filtros de una cámara, nuestra percepción del mundo también se puede distorsionar. La depresión se enfoca en las partes más oscuras de la vida y elimina el afecto, la acción y el gozo de una escena. Un fotógrafo está consciente de la distorsión que está creando a medida que cambia los lentes. La persona deprimida, en cambio, no está tan consciente de la distorsión en su percepción de la realidad. Cuando estamos deprimidos, no nos damos cuenta de que estamos prácticamente ciegos; y cuanto más intensa sea nuestra depresión, mayor será la distorsión[3].

¿Qué distorsionamos? Distorsionamos la vida misma, ocasionando que pierda su entusiasmo y propósito. Distorsionamos la imagen de Dios. Lo vemos muy lejos e indiferente, como si hubiera un tremendo abismo que nos separa de él. Y también distorsionamos nuestro propio concepto de nosotros mismos. Nuestro valor y habilidades se desvanecen junto con la esperanza.

La depresión es un síntoma, una enfermedad y una reacción. Es un sistema de alerta (un síntoma) que llama nuestra atención para señalarnos que algo anda mal. La depresión psicótica también es una enfermedad, un mal. Y la depresión es una reacción a la vida; especialmente, una reacción ante las muchas pérdidas que experimentamos a lo largo de nuestra vida. Siempre hay un motivo para tener depresión.

Muchos cristianos tienen la idea equivocada de que no es lógico que un cristiano esté deprimido. Si estar deprimido es un pecado, entonces el profeta Jeremías debió haber sido el rey de los pecadores, puesto que mucho de lo que escribió sucedió cuando estaba en medio de una profunda depresión. Fuimos creados con la capacidad de deprimirnos cuando ciertos factores están presentes en nuestras vidas. La depresión puede ser un síntoma positivo que nos advierte que nos estamos moviendo en aguas profundas, si estamos dispuestos a aceptarlo así. Nos puede recordar que no podemos depender de nuestros propios recursos. Necesitamos regresar a Dios y sus recursos. Puede ser un mecanismo protector a corto plazo, que nos da un respiro frente al estrés y la tensión, dándonos tiempo para recuperarnos. La depresión es un sistema de alerta que Dios ha creado para nosotros. No obstante, Dios no permite que nos deprimamos como una forma de castigo. Él se ha encargado de nuestro castigo en la cruz.

Pero no debemos permanecer en nuestra depresión y escogerla como una manera de vivir. Cuando todavía estamos en un bajo nivel de depresión o tristeza, podemos elegir hacer caso de las advertencias que nos brindan estos síntomas y realizar algunos cambios. O podemos persistir y dejar que hagan su morada permanente en nuestras vidas.

Causas de la depresión

Entre las causas de la depresión, se encuentran esos temas de nuestro pasado que aún nos influyen. Uno de los principales temas es la privación.

Un bebé depende de su madre en todo lo referente a su cuidado físico y emocional, y su supervivencia. El calor, la alimentación y el delicado cariño de su madre transmiten al niño un mensaje de amor y seguridad. Cuando tiene una necesidad, la madre responde. La madre es fiel a sus llantos y, de esta manera, el niño aprende a confiar. El fiel cariño materno crea confianza.

¿Pero qué sucede cuando el niño es ignorado repetidas veces o su madre responde, pero sin amor? El niño aprende que no puede confiar en su madre ni en nadie. Comienza a sentirse abandonado y poco apreciado. No entiende por qué su mundo parece no ser digno de confianza, poco fiable y poco amoroso. Estas experiencias tempranas desarrollan un bajo nivel de frustración dentro de él. ¿En quién puede confiar? Sensaciones de resentimiento y enojo que se forman como semillero en estos primeros años continúan desarrollándose bajo la superficie de la conciencia hasta la edad adulta, que le dificultan perdonar. Con frecuencia, su experiencia lo predispone a tener una tendencia a la depresión en su vida adulta.

En la depresión existen sentimientos de pérdida, desesperanza y, como dijeron Richard Berg y Christine McCartney, una "tristeza espiritual".

La tristeza es una herida profunda dentro del concepto espiritual de uno mismo. A menudo, produce sufrimiento considerable para la persona deprimida y se puede ver como un "árbol que se desarrolla con fuerza en la oscuridad". Las raíces gemelas de este árbol son, por un lado, la creencia de que uno es poco amado, con la desconcertante inhabilidad de perdonar (resentimiento) y, por otro lado, la creencia de que uno atrae poco amor, y que se resiste a aceptar el perdón (perfeccionismo). Ambas raíces distorsionan la percepción del presente y oscurecen las expectativas del futuro. Ese "árbol" de oscuridad no puede florecer en la luz que trae el amor incondicional y sanador de Dios. El Señor anhela sanar la tristeza espiritual sacándonos de la oscuridad: "Me ha enviado para anunciar buenas nuevas a los pobres, para vendar a los quebrantados de corazón, para proclamar libertad a los cautivos y a los prisioneros apertura de la cárcel" (Isa. 61:1).

De hecho, Jesús dijo acerca de sí mismo: "Yo soy la luz del mundo. El que me sigue nunca andará en tinieblas, sino que tendrá la luz de la vida" (Juan 8:12).

El salmista se regocija en la sanidad y la presencia amorosa de Dios: "Ciertamente haces que mi lámpara alumbre. El Señor, mi Dios, ilumina mis tinieblas" (Sal. 18:28)[4].

Con frecuencia, la herida de la tristeza conduce a la culpa por las imperfecciones de uno mismo. No es de sorprenderse que muchos que batallan con la depresión sean perfeccionistas. Se establecen estándares tan elevados que se convierten en blancos fáciles del fracaso. Al poco tiempo, sienten como si un peso gigante les hubiera caído encima.

Jesús responde a todos los que nos sentimos culpables por nuestras imperfecciones ofreciéndonos perdón y liberación de las cargas que llevamos.

"Venid a mí, todos los que estáis fatigados y cargados, y yo os haré descansar. Llevad mi yugo sobre vosotros, y aprended de mí, que soy manso y humilde de corazón; y hallaréis descanso para vuestras almas. Porque mi yugo es fácil, y ligera mi carga" (Mat. 11:28-30).

La persona deprimida se siente vacía y sin esperanza. Cree que no la aman, que nadie realmente se preocupa por ella. El salmista describe estos sentimientos cuando dice:

> Oh Señor, Dios de mi salvación, día y noche clamo delante de ti... porque mi alma está harta de males, y mi vida se ha acercado al Seol. Soy contado con los que descienden a la fosa; soy como un hombre sin fuerzas. Estoy libre entre los muertos, como los cadáveres que yacen en la tumba, de quienes ya no te acuerdas, y que han sido arrebatados de tu mano... Yo estoy pobre y abatido; desde mi infancia he cargado tus terrores. ¡Ya no puedo más!
>
> Salmo 88:1, 3-5, 15

Jesús responde con estos hechos consoladores: "El ladrón no viene sino para robar, matar y destruir. Yo he venido para que tengan vida, y para que la tengan en abundancia" (Juan 10:10). "Estas cosas os he hablado para que mi gozo esté en vosotros y vuestro gozo sea completo" (Juan 15:11).

La persona deprimida tiene grandes dudas de sí mismo. No sabe si los demás lo aman. Estas dudas pueden crecer rápidamente hasta convertirse en resentimiento. Si no trabajamos con este resentimiento, simplemente alimentará nuestra depresión. La Palabra de Dios ofrece amplia evidencia de que realmente somos amados:

De tal manera amó Dios al mundo, que ha dado a
su Hijo unigénito, para que todo aquel que en él
cree no se pierda, mas tenga vida eterna.

Juan 3:16

¿Qué os parece? Si algún hombre tiene cien ovejas
y se extravía una, ¿acaso no dejará las noventa y
nueve en las montañas e irá a buscar la descarria-
da? Y si sucede que la encuentra, de cierto os digo
que se goza más por aquella que por las noventa y
nueve que no se extraviaron. Así que, no es la voluntad de vuestro Padre que está en los cielos que
se pierda ni uno de estos pequeños.

Mateo 18:12-14

Yo soy el buen pastor; el buen pastor pone su vida
por las ovejas.

Juan 10:11

Chuck Swindoll ofrece palabras de consuelo
para aquellos que estamos viviendo con cicatrices
de pecados o fracasos pasados.

Aunque usted ha confesado y dejado atrás esos feos
y amargos días, parece que no puede borrar las
secuelas. A veces, cuando está solo, el pasado se
asoma por detrás como una inusitada ola del océa-
no y lo abruma. La herida permanece abierta e in-
flamada, y usted se pregunta si algún día va a
sanar. Aunque los demás no saben de ella, usted
vive con el temor de que sea descubierto... y
rechazado.

Fue Amy Carmichael que una vez me ayudó a
sanar una herida y la convirtió en una cicatriz de
belleza en lugar de desgracia. Comparto con usted
sus palabras:

¿Sin cicatriz?

¿No tienes una cicatriz?
¿No hay una cicatriz oculta en tu pie, en tu
    costado o en tu mano?
Lo escucho cantando como un poderoso en la
    tierra,
lo escucho aclamando su estrella resplandeciente
    que se eleva.
¿No tienes una cicatriz?

¿No tienes una herida?
Yo, sin embargo, fui herido por los arqueros,
    quedé agotado,
me incliné contra un árbol para morir;
y fui rasgado por bestias voraces que me
    rodearon, y me desvanecí.
¿No tienes una herida?

¿Sin herida, sin cicatriz?
Sin embargo, el siervo será como su Maestro,
y perforados están los pies que me siguen;
pero los tuyos están enteros. ¿Pudo haber llegado
    lejos
aquel que no tiene herida ni cicatriz?

Guardadas en una tranquila esquina de la vida
    cotidiana hay heridas y cicatrices. Si no estu-
    vieran allí, no necesitaríamos al Médico. Ni
    tampoco nos necesitaríamos el uno al otro[5].

Si está atascado en la vida, sintiéndose infeliz,
aislado, excesivamente sensible, desconfiado o deprimido, hay esperanza en el poder sanador de Jesucristo. Aquí tenemos unos ejercicios a seguir, los
cuales pueden ponerlo en camino a la integridad:

1. ¿Qué es lo que hay en su pasado que aún está influyendo en la manera en que actúa y piensa? Algunas personas se rehúsan a pasar tiempo mirando hacia el pasado. Por cierto, demasiado tiempo mirando hacia el pasado puede ser enfermizo. Sin embargo, para pasar a la integridad, necesitamos identificar las causas de nuestras heridas. No estamos cavando en el cementerio de nuestra mente buscando fantasmas emocionales para que regresen y nos persigan. Estamos buscando tumbas cubiertas sólo a medias que necesitan cubrirse por completo.

2. Si usted fuera una persona confiada, ¿cómo actuaría frente a los demás? ¿Está viviendo el día de hoy en la desconfianza de su pasado? Es difícil vivir en dos mundos al mismo tiempo.

3. Si usted fuera emocionalmente abierto a compartir su amor, sus dolores y su gozo, ¿cómo se visualiza actuando frente a otra gente? Pase unos cuantos minutos en silencio imaginándose con conductas nuevas y positivas. Dé un pequeño paso cada día para llegar a ser el nuevo usted.

4. Si no estuviera triste o deprimido en este momento, ¿qué estaría haciendo con su vida? Ponga esto en detalle y por escrito. ¿Qué podría empezar a hacer para acercarse a una nueva vida de esperanza y gozo?

5. Ponga por escrito los detalles de su tristeza y depresión. Luego escriba lo que hace cada día desde que se levanta hasta que se acuesta.

Cuando mis pacientes que pasan por un

período de depresión me explican cómo están usando su tiempo, generalmente descubro que gran parte de lo que están haciendo es mantener viva la tristeza y la depresión en su vida. "Si estuviera viviendo mi vida como usted está viviendo la suya", les digo, "¡probablemente me sentiría peor que usted! ¿Cómo hace para no estar más triste y más deprimido de lo que está? Usted debe tener mucho a su favor y ni siquiera se da cuenta. Descubramos lo que es para que lo pueda usar aún más".

¿Quién puede sanar sus heridas? El análisis de su pasado y un compromiso con su crecimiento son importantes. La causa de algunas de sus heridas puede estar tan oculta que quizá requiera la ayuda de un consejero profesional. Pero sin tomar en cuenta a quién recurra para conseguir ayuda, Jesucristo es la fuente de su sanidad, porque también es la fuente de la esperanza que usted tiene como hijo de Dios. Estar completamente consciente de la importancia eterna de su adopción para ser parte de la familia de su Padre celestial (Gál. 4:4, 5) le da la única llave para la cerradura de su vida. Ponga esa llave en la cerradura, gírela ¡y se abrirá el cerrojo!

Al quitar el cerrojo y abrir la puerta de su ser interior, las restricciones, los grilletes, las cadenas, las anclas y los sentimientos de desesperanza se caerán. Abrir el cerrojo le da la oportunidad de ver objetivamente quién es usted hoy en día, de reconocer cuál es la influencia del pasado y de descubrir lo que le gustaría hacer con su vida en el futuro. Debido a que el Espíritu Santo lo impulsa y le recuerda su condición adoptiva (Rom. 8:15, 16), ahora puede empezar a asumir riesgos. Puede animarse, por medio de la fe, a pensar que Dios sustentará y disciplinará al inmaduro niño interior del pasado, y en que le dará poder para crecer hasta llegar a ser el adulto maduro que siempre había planeado que usted sea.

El doctor Lloyd Ogilvie ha influido mi vida por muchos años. Sus palabras perspicaces nos ayudan a llegar a la conclusión de nuestro recorrido para hacer las paces con el pasado:

Todos necesitamos poder. Necesitamos recargar la energía interna de nuestra mente y nuestra voluntad. Fuimos diseñados para ser recreados a la imagen de Jesús. No podemos hacerlo por nosotros mismos, pero ¡él es capaz! El Cristo que mora dentro de nosotros, el poder que opera en nosotros, infunde a los tejidos de nuestro cerebro una imagen viva de la persona que podemos llegar a ser. Luego, él guía cada decisión y discernimiento de nuestra voluntad. Nos muestra cómo debemos actuar y reaccionar como nuevas criaturas. Nuestras energías consumidas se recargan con su fortaleza. Tenemos, en realidad, poder sobrenatural para pensar, actuar y responder con capacidades infundidas[6].

Notas

Introducción

1. A. W. Tozer, *The Knowledge of the Holy* (New York: Harper & Row, 1961), p. 107. (Hay edición en español bajo el título *El conocimiento del Dios Santo*, publicado por Editorial Vida).

Capítulo 1

1. W. Hugh Missildine, *Your Inner Child of the Past* (New York: Simon & Schuster, 1968), p. 4.

2. Howard Halpern, *Cutting Loose: A Guide to Adult Terms with Your Parents* (New York: Bantam, 1978), p. 3.

3. W. Hugh Missildine y Lawrence Galton, *Your Inner Conflicts* (New York: Simon & Schuster, 1974), p. 17.

Capítulo 2

1. W. Hugh Missildine, *Your Inner Child of the Past* (New York: Simon & Schuster, 1968).

2. Adaptada de Frederic F. Flack, *The Secret Strength of Depression* (New York: J. B. Lippincott, 1975).

Capítulo 3

1. Henri J. M. Nouwen, *The Living Reminder: Service and Prayer in Memory of Jesus Christ* (New York: Seabury Press, 1977), p. 19.

2. Ibíd., p. 22.

3. Matthew L. Linn y D. Linn, *Healing of Memories* (Ramsey, N.J.: Paulist Press, 1974), pp. 11, 12.

4. Lloyd John Ogilvie, *God's Will in Your Life* (Eugene, Ore.: Harvest House, 1982), p. 136.

5. J. I. Packer, *Knowing God* (Downers Grover, Ill.: InterVarsity, 1973), p. 32. (Hay edición es español bajo el título *El conocimiento del Dios Santo*, publicado por Editorial Vida).

6. Ogilvie, *God's Will in Your Life*, pp. 144, 145.

Capítulo 4

1. Lewis B. Smedes, *Forgive and Forget* (New York: Harper & Row), 1984, p. 118.

2. El método descrito para renunciar a los resentimientos y perdonar a otros es usado, en diversas

formas, por muchos terapeutas y ministros, incluyendo los siguientes: Matthew L. Linn y D. Linn, *Healing of Memories* (Ramsey, N.J.: Paulist Press, 1974), pp. 94-96; Dennis y Matthew Linn, *Healing Life's Hurts* (Ramsey, N.J.: Paulist Press, 1977), pp. 218 ss.; Howard Halpern, *Cutting Loose: A Guide to Adult Terms with Your Parents* (New York: Bantam, 1978), p. 212 ss. (La técnica de la silla vacía se describe en la literatura de la Gestalt y está descrita en esta sección.); David L. Luecke, *The Relationship Manual* (Columbia, Md.: Relationship Institute, 1981), pp. 88-91; ver también ejemplares pasados de *The Journal of Christian Healing*, publicado por el Institute of Christian Healing, 103 Dudley Avenue, Narbelk, PA 19072.

3. Lama Foundation, *Be Here Now* (New York: Crown Publications, 1971), p. 55.

4. Adaptado de Halpern, *Cutting Loose*, pp. 24, 25.

5. Joyce Landorf, *Irregular People* (Waco: Word, 1982), pp. 61, 62. Usado con el permiso de Word Books, Waco, Texas 79796.

6. Lloyd John Ogilvie, *God's Best for My Life* (Eugene, Ore.: Harvest House), 1981, p. 1.

7. Lewis B. Smedes, "Forgiveness: The Power to Change the Past," *Christianity Today*, 7 de enero de 1983, p. 26.

8. Ogilvie, *God's Best*, p. 9.

9. Smedes, *Forgive and Forget*, p. 37.

Capítulo 5

1. W. Hugh Missildine, *Your Inner Child of the Past* (New York: Simon & Schuster, 1968), p. 59.

2. Howard M. Halpern, *Cutting Loose: A Guide to Adult Terms with Your Parents* (New York: Bantam, 1978), p. 126.

3. J. I. Packer, *Knowing God* (Downers Grove, Ill.: InterVarsity, 1973), p. 37. (Hay edición es-pañol bajo el título *El conocimiento del Dios Santo*, publicado por Editorial Vida).

4. Joseph R. Cooke, *Free for the Taking* (Old Tappan, N.J.: Revell, 1975), p. 29.

5. Maurice Wagner, *The Sensation of Being Somebody* (Grand Rapids: Zondervan), 1975, pp. 164-167.

6. Halpern, *Cutting Loose*, p. 128.

Capítulo 6

1. Jane B. Burka y Lenora M. Yuen, *Procrastina-tion* (Menlo Park, Calif.: Addison-Wesley, 1980), p. 28.

2. David Burns, *Feeling Good: The New Mood Therapy* (New York: New American Library, 1981), p. 313.

3. John Robert Clarke, *The Importance of Being Imperfect* (New York: David McKay, 1981), p. 11.

4. Burns, *Feeling Good*, 310-11, 319-20. Usado con el permiso de William Morrow & Company.

Capítulo 8

1. W. Hugh Missildine, *Your Inner Child of the Past* (New York: Simon & Schuster), 1968. Estos conceptos fueron adaptados del capítulo 13.

2. Nick Stinnet, Barbara Chesser y John DeFrain, eds. *Building Family Strengths: Blueprint for Action* (Lincoln: University of Nebraska Press, 1979), p. 112.

3. Missildine, *Your Inner Child*, pp. 143, 144.

4. John Powell, *The Secret of Staying in Love* (Niles, Ill.: Argus Communications, 1974), p. 13.

5. Lawrence Crabb, *Effictive Biblical Counseling* (Grand Rapids: Zondervan, 1977), pp. 83, 84.

Capítulo 9

1. William J. Knaus, *Do It Now: How to Stop Procrastinating* (Englewood Cliffs, N.J.: Prentice Hall, 1979), p. 64.

2. Ibíd., p. 70.

3. Peter M. Lewinsohn, Ricardo F. Muñoz, Mary Ann Youngren, y Antoinette M. Zeiss, *Control Your Depression* (Englewood Cliffs, N.J.: Prentice Hall, 1979), pp. 175-177.

Capítulo 10

1. Dr. George Weinberg, *Self Creation* (New York: Avon Books, 1978), p. 4.

2. Ibíd., pp. 48-55.

3. Richard F. Berg y Christine McCartney, *Depression and the Integrated Life* (New York: Alba House, 1981), p. 34.

4. Ibíd., p. 162.

5. Charles R. Swindoll, *Growing Strong in the Seasons of Life* (Portland, Ore.: Multnomah, 1983), p. 78.

6. Lloyd John Ogilvie, *God's Best for My Life* (Eugene, Ore.: Harvest House, 1981), Marzo 3, lectura diaria.